〈仏教3.0〉を哲学する

藤田一照
Fujita Issho
永井均
Nagai Hitoshi
山下良道
Yamashita Ryodo

春秋社

鼎談の前に

藤田一照

これから読んでいただく「〈仏教3・0〉を哲学する」と題された鼎談の記録は、生年が一九五一年（永井均）、一九五四年（藤田一照）、一九五六年（山下良道）とほぼ同世代に属する二人の仏教僧と一人の哲学者が、三回にわたっておこなった公開の鼎談がもとになってできあがったものである。

その鼎談は朝日カルチャーセンター新宿で行われる公開講座として、第一回目は二〇一四年一二月二〇日、第二回目は二〇一五年八月二二日、そして第三回目が二〇一六年三月五日に開催された。

このような稀有な組み合わせの鼎談が三回も行われることになった経緯について、簡単に述べておきたい。表題にある〈仏教3・0〉について触れるためには、まずわたしと山下良道さん（以下、「良道さん」と略す）の出会いから書き始めなければならない。

わたしと良道さんは、二人とも学生上がりの在家修行者として、一九八二年に相前後して兵庫県の山中にある曹洞宗の修行道場、紫竹林安泰寺に入山し、翌年四月八日に行われた得度式において同時に出家得度して正式に曹洞宗の僧侶となった。かれとはそこで同じ雲水仲間として暮らし同じ釜の飯を食った、いわば「同期の桜」である。わたしは一九八七年から、師匠の命を受けて、安泰寺からアメリカ合衆国東部マサチューセッツ州の西のはずれの林の中にある小さな坐禅堂パイオニア・ヴァレー禅堂へと修行の場を移した。翌年、かれもまた安泰寺からその禅堂にやってきて、さらに三年間修行生活をともにした。

その後、良道さんはイタリアへ渡った師匠の元へと赴き、われわれはそれぞれ別の道を歩むことになった。わたしはパイオニア・ヴァレー禅堂に住持としてとどまり、約一七年半暮らした後、二〇〇五年に家族と共に日本に帰ってきた。友人が所有する三浦半島葉山にある別荘の住み込み管理人をしながら、敷地の中にある観音堂を坐禅の道場として使わせてもらい、実験的な坐禅会を主宰して現在に至っている。二〇一〇年からはサンフランシスコにある曹洞宗国際センターの所長として、単身で日米を往還している。

一方、良道さんはイタリアを経て、日本に帰り、京都園部の京都曹洞禅センター、高知の渓声禅堂を経て、思うところあって曹洞宗から離れ、ミャンマーにわたり正式に比丘スダンマチャーラとなって、パオ長老の下で四年間「パオ・メソッド」の研鑽を積んだ。二〇〇六年に帰国、鎌倉稲村ヶ崎の一法庵に住み、独自に編み出した「ワンダルマメソッド」を国内だけでなく海外においても教えている。

わたしと彼とは、年齢も二歳しか違わず、二人とも寺の出身ではなく、就職した経験を持たず、社会人になることなしに学生からそのまま僧侶になったことや、どちらも自分の人生をどう生きるかに悩むところから仏教に出会って、その延長線上で発心して僧侶になったという点で共通したところがあった。そのような二人が、海外での修行生活にピリオドを打ってほぼ同じタイミングで帰国し、腰を落ち着けたのが葉山と鎌倉という同じ湘南の地の近所であったというのも、偶然とはいえ、二人の並々ならぬ因縁を感じざるを得ない。

それぞれが帰国して日本での生活が落ち着いたころから、時々はお互いの仮寓を尋ねたり尋ねられたりして雑談をかわしていた。わたしは、良道さんがこれまで禅、テーラワーダ仏教、そしてチベット仏教という現存する仏教の三つの大きな流れに直接触れることを通して、仏教者として今どのようなところに立っているのかをぜひきちんと聞いてみたいと思い始めた。その機縁が熟したのか、われわれ二人が一緒に得度してから三〇年という時が過ぎようとしていた二〇一三年に、二人が膝を突き合わせて本音でじっくり語りあう対談の場が実現した。それは『アップデートする仏教』（幻冬舎新書）という新書版の本として結実した。〈仏教３・０〉という表現が登場したのは、この対談においてであった。

われわれがこの対談で、自分たちが直接に目撃し体験してきた仏教について語り合っているうちに、どうやら「バージョン」の違う三つの仏教があるようだということがだんだん見えてきた。そこで議論上の便宜のために、次の三つを区別してみた。われわれ二人が出会った安泰寺という非常に例外的な修行の場の周りに広がっていた日本の主流的な仏教のあり方を〈仏教１・０〉、われわれがアメリカやミャンマーで見た仏教、そしてここ十数年の間に日本にも定着しつつあるテーラワーダ仏教のあり方を〈仏教２・０〉、そしてそのどちらとも違う、われわれ二人が現在構想し形を与えようとしている仏教のあり方を〈仏教3・0〉と、仮りに呼ぶことにしたのであった。

この三つの仏教の相違の詳細については直接『アップデートする仏教』を読んでいただきたい。〈仏教1・0〉は「医師も看護師も患者も医学を信じておらず、医療行為が行われていない病院がたくさんある」、〈仏教2・0〉は「医師も看護師も患者も医学を信じていて、一生懸命医療に取り組んでいる」という良道さんの比喩がわかりやすいだろう。ここで言われている医学に当たるのが仏教、病院は寺院、医師や看護師は僧侶、患者は一般の人々のことである。

わたしはアメリカで、良道さんはミャンマーで、仏教が熱心に学ばれ実践されている様子を目撃するうちに、〈仏教2・0〉に重大な問題があることをそれぞれ独立に認識するようになった。それは一言でいえば、そこでは日常的な自我（エゴ）が主役を演じているという問題である。無我の行であるべき修行が有我的な枠組みでなされているのだ。二十年余り別の場所で修行を続けて来た二人が奇しくも同じような認識に達していることを見いだしたのは、大きな驚きであり喜びでもあった。そしてそのような立場に立って、仏教の教義や実践を根本的に見直そうというわれわれの立場をとりあえず〈仏教3・0〉と呼ぶことにしたのだった。

幸い『アップデートする仏教』はそれなりの反響を呼び、この本に触発された若い僧侶たちがわれわれ二人から直接に学ぼうとして、「『アップデートする仏教』を体感しよう！」なる集まりを全国各地で二年間にわたって計九回も開催するという動きにもなった。しかし、『アップデートする仏教』の「はじめに」にも書いたことだが、それはまだあくまでも「〈仏教3・0〉マニフェスト（宣言）第一号」でしかなく、われわれとしてはさらにそれを現場で鍛え、もっと洗練し深めていかなければならないと考えていた。この本では〈仏教3・0〉を素描したにとどまり、その独自の輪郭や色合いがはっきり描かれていないし、それを行として血肉化し立体化する道筋が明確になっていないからだ。

そのための現場の一つが朝日カルチャーセンター新宿での仏教講座であった。わたしも良道さんもここでそれぞれの講座を担当し、〈仏教3・0〉のさらなる展開を試みていたのだが、そのうちそこに哲学者の永井均さん（以下、永井さん）が聴講生の一人として顔を見せるようになった。以前、われわれの講座の担当者である荒井清恵さんから「哲学者の永井均先生が瞑想や仏教に興味をもって、そういう講座に参加している」という話を聞いてはいたが、まさか自分たちの講座にあの永井さんが現れるとは予想だにしていなかった。しかも、それからまもなく、荒井さんからのお誘いで、わたしは朝日カルチャーセンター新宿の講座で、なんとあの永井さんと坐禅をめぐる対談をすることができたのだった。

ここで、あのと二度も強調的に書いたのは、わたしがかなり前から永井さんの著作の愛読者で、「永井均ファン」の一人であったからだ。わたしは哲学をやろうと思って大学に入ったものの、途中で気が変わって心理学を専攻したという前歴があるのだが、「哲学とは、何よりもまずするものであって、学ぶのは二の次でいいのだ、いや二の次でなければいけないのだ」とか、「いわば素手で考えていくやり方のようなものをつかんでもらえれば、目的は達せられたことになる。要するに、ぼくの思想に共鳴しないで、ぼくの思考に共感してほしい」（いずれも『〈子ども〉のための哲学』講談社現代新書）と言い切る、彼の哲学するスタンスに非常な魅力を感じていた。わたしは、ブッダ自身もきっとそのようなスタンスでいたはずだと思っていたし、自分もそのようなスタンスで「仏教する」ことを目指していたのだ。

さらに、彼が展開している〈私〉と「私」、〈今〉と「今」をめぐる哲学を仏教にぶつけたら、平板で平凡な形に凝り固まった仏教を面白く揺さぶってくれるのではないかという漠とした予感を密かに愉しんでもいたのである。永井さんは世の中でそれと認められている「哲学」と、それぞれの人が考え抜いてみたい問題をとことん考える〈哲学〉とを区別しているが、仏教にも「仏教」と〈仏教〉があって、〈仏教３・０〉は「仏教」ではなく〈仏教〉的でなくてはならないとも考えていた。だからそういうわたしにとっては、永井さん本人が眼の前に現れて、しかも仏教や坐禅、哲学の話が直接にできることになったというのは、夢のような出来事であったのだ。

この時の対談で永井さんが坐禅や瞑想をかなり以前から実践していること、さらには、われわれの提唱している〈仏教３・０〉論に関心を持っていること、われわれ二人が直接に大きな影響を受けている内山興正老師の著作を高く評価していることを知った。そうとなればもう、ここに良道さんを巻き込んで永井さんと三人で、〈仏教３・０〉を「哲学する」しかないという気になってしまった。幸い永井さんもこの企てに快く乗ってくれて実現したのが、本書に結実した鼎談なのである。

三回とも、〈仏教３・０〉の特徴が浮き彫りになるようなある特定のテーマを取り上げ、それをめぐって〈仏教３・０〉と永井さんの哲学を突き合わせるという形で話が進められた。まず第一回目は、瞑想や坐禅という行に焦点を当てて、それをしている主体は何かという問題を論じた。永井さんが指摘した、不思議なあり方をしている「端的な私」「端的な今」は〈仏教３・０〉に新しい地平を開いてくれた。

第二回目は、当事者のわれわれにも聴講者にもたいへん好評だった第一回目を受けて、内山興正老師の使っていた「自己ぎりの自己」という表現の意味するものをめぐって、内山老師の書かれたいろいろな図を読み解きながら、議論が行われた。わたしと良道さんにとっては見慣れたはずの一連の図が、新たな意味と連関をもって眺められるようになった。第三回目は、これまでの総括と生と死の問題をめぐる議論がなされた。永井さんの「独在する私」は仏教で言う「不生不死」に新鮮な光を当ててくれた。

毎回、一応大まかな流れを事前に打ち合わせてはおいたが、いざ話が始まると三人とも談論風発、流れの赴くままにディスカッションを愉しんだ。読者のみなさんには結論的なことよりも、そういう三者のやり取りのライブ感を愉しんでいただきたいと思う。それが〈仏教３・０〉的な味わい方だと思うからだ。

二〇一六年八月

〈仏教３・０〉を哲学する

目次

第二章　「自己ぎりの自己」と〈私〉…………97

第三章　死と生をめぐって…………………………173

〈仏教３・０〉を哲学する

第一章　瞑想について——〈仏教3・0〉をめぐって

はじめに

藤田　永井均さんと僕は以前に坐禅をめぐって対談をしたことがありました。それまでは、長年にわたって法友である山下良道さんが加わって三人でこのような鼎談をすることになるとはまったく想像していませんでした。ずいぶん昔から永井さんの本を、分かる分からないは別として、愛読書として読んできた者としては、こうしてそのご本人と直接にお会いして議論をさせていただくことになったというのは本当にありがたいことで、仏縁に感謝しないわけにはいきません。

数年前に、私の坐禅会に、永井さんの本の愛読者だという方が来られたり、しばらくしたら日経新聞で永井さんが「瞑想のすすめ」ということで書かれた記事の切り抜きを、坐禅会に参加している別の方がもって来てくれて、「えっ、あの永井さんが瞑想をすすめてるって」と、びっくりするということがあったりしました。そういう面白いことが起こり始めたと思ったら、あれよあれよという展開でここまで来てしまった感じです。これも時代の流れというか要請なのかもしれないなと思っています。

永井さんは、独特のスタンスで「哲学をしている」方だと思います。「哲学学」をやっているのではなく、哲学そのものをやっているまさに哲学者です。そういう方に、「仏教3・0を哲学してもらったらさぞかしおもしろいだろうな」と自分で勝手に夢想していたら、なんとそれが実現してしまったということです。これには本当に驚きました。これから永井さんを交えてその作業を進めていくわけですが、永井さんの哲学のスタイルに慣れ親しんでいないとなかなかついていけないかもしれません。もしかしたら、そこのところも親切に説明してくれるかもしれません。保証はできませんが（笑）。

やはりいくらなんでも、まったく打ち合わせなしで議論したのではどうにもまとまらなくなるかもしれませんので、一応ざっとした打ち合わせを事前に三人でやりまして、大まかな流れだけは決めてあります。果たしてその通りに進むかどうかは分かりませんが、一応それに従って進めていきます。

まず、永井さんが、仏教3・0についてどういうふうに思われているのか、コメントをいただいて、そこから始めていきたいと思います。

永井　まず最初は哲学的な話ではなくて、非常に気楽な話から始めようと思います。いま一照さんとの関わりを述べられたので、良道さんとの経緯をお話しします。

「ヴィパッサナー瞑想の哲学」という題で、香山リカさんと『サンガジャパン』で対談をしてるんですけど、その中でも言っているのですが、坐禅は昔から趣味でやっていたわけです。本当は趣味だけじゃなくて、若干実益もありまして、それは今日初めて言いますけど、私は三十代の後半から睡眠障害があったんです。一番苦痛なときはお医者さんにも行ったりしたんですけど、坐禅が結構効くんですね。坐禅の何がいいかというと、寝る前に坐禅をやると、眠れなかった場合は坐禅の修行だと思えばいいので、それはそれでいいんです。眠くなったら、坐禅としては失敗したわけですけど、眠ろうとした点では成功したんだから、どっちに転んでも成功したことになる。その点で素晴らしいんです。

それで、夜はその点でうまくいくということに気づいて、割合しょっちゅうやってたんです。毎晩というほどではないですけど、毎晩近くやってました。ほかに、中途覚醒というのがあって、二、三時間でもう目覚めちゃうんです。それでしばらく眠れない。中途覚醒の時は、坐禅の姿勢をするのが面倒くさいので、布団に寝たまま、いわゆる寝禅みたいな感じで、寝たままながらも正しい姿勢をとって、当時は呼吸を数えるといったやり方でやっていました。このやり方も同じように役に立つ。眠くなる場合も多いですし、そうでない場合も、これは修行だと思えば眠れないほうがいいわけですから、どっちに転んでもいい、というやり方で、大分長い間やってました。何十年というほどではないですけど、かなり長くやってました。

それで、テーラワーダ仏教というのが日本に入ってきたのはずっと前でしょうが、私が知ったのは、そんなに前ではなくて、数年前ですね。本屋で知ったんです。こういうのがあるんだなと。五、六年前だと思います。そういう形での瞑想のやり方があるということを知って、ちょっとやってみようと思ったのが三年くらい前ですかね。もうあまり記憶がはっきりしませんけど。それでやってみたんです。香山さんとの対談にも書きましたけど、最初に本として準拠したのは、地橋秀雄さんの『ブッダの瞑想法』(春秋社)ですね。そして、ちょうど朝日カルチャーセンターの哲学の講師をしていたので、ここにいらっしゃるお二人をはじめとして色々な先生方の講座に出させていただいて、そこで実際に習ったりもしました。

それで、良道さんについては、直接瞑想を習う前に、たまたまポッドキャストですか、何を検索したのか忘れましたが、何かを検索していた時たまたま巡り合って聞いたんです。それで初めて知ったんです。何度か聞いたんですけど、いちばん驚いたのが、「青空から気づくのでなければ、サティとかマインドフルネスとかいうのは意味がない」ということを力説されていたんですね。何で驚いたのかというと、当たり前じゃないか、と私は思ったわけですね。そんなことを知らないで瞑想をしている人なんかいるのか、と。私はむしろ思ったんです。この人が強調していることは、坐禅とか瞑想とかそういったものにとっては自明というか、前提なんじゃないか、と。そんなことを知らないで、どうやって坐禅とか瞑想とかができるのか、ということに驚いたんです。

しかし後で考えてみると、実は、いまお名前を挙げた地橋さんの本もそうですし、スマナサーラさんとか、確かにそういうことを前提にしていないんですね。後から気づくと分かるんですね。僕はそれに気づかなかったんですね。本もたくさん読んだし、そういう系統の方々の指導も受けていたにもかかわらず。これはもう最初から、良道さんが「青空」と言われるようなことが前提となっていて、また主体が入れ替わるとか、そういったことは初めから前提となっていて、自明のことであるかのように感じていたわけですけど、そうではないということを、良道さんから教わりました。ですから、教わり方が普通とは逆で、私が自明だと思っていたことが実は自明ではないということを教わったわけです。

でも、私は特殊であるかもしれないけれども、特殊じゃないとも言えるんじゃないでしょうか。なぜかというと、日本には、仏教1・0というか、禅の伝統があるわけですから、それに何となく親しんでいた人が、仏教2・0というか、テーラワーダ仏教を知ると、初めから禅の中で伝統となっていることは何となく知っていて、それを前提にして理解してしまう、ということもありうるんじゃないかと思いますね。私の場合は、それのヴァリエーションの一つであったと思います。これがまあ、良道さんとの簡単な経緯です。

それで、仏教3・0についてですが、今の話は経緯の話であって、中身については何も言っていませんが、「青空」ということで言うと、青空というものと、マインドフルネスというか、サティや気づきというものが結合するのが3・0で、結合の仕方に関してはまた後で二回、違う観点から話したいと思いますが、とにかく、結合を主張しているのが3・0だと、私は非常に大雑把に理解しているんですね。1・0と2・0というのは、重要な要素が二つに分かれちゃっていて、繋がっていなかったということじゃないかと思うんですね、簡単に言えば。それが、3・0ということで、初めて繋がったということで、これは非常に画期的というか、本来に還ったと言っていいんではないかと、私は率直に思っています。だからこそ、実際にインパクトを与えていますよね。

どうなんですか？　1・0というか、日本の伝統的な仏教の方々に影響を与えたんですか？　2・0のテーラワーダ系の方にはあまり影響を与えていないんですか？

藤田　どうですかねえ。確かめたわけではありませんが、どうやら賛否両論あるにしても、両方ともに少しはインパクトを与えたみたいですね。僕と良道さんを呼んで「アップデートする仏教を体感しよう！」というお坊さんや在家の方たちを巻き込んだ集まりが、全国各地で何回も催されたりしましたから。また、テーラワーダ系の瞑想をやってきた人がわれわれのやっている坐禅会や瞑想会に興味をもってやってくるということもありましたし。

永井　それは大変いいことで、内容の話とは関係ないし、哲学の話とも関係ないですけど、要するに社会的に見て、仏教のお寺とか、お坊さんとかはたくさんいるわけですけど、あまり本来の活動していないわけですよね、実際。本来あるべき活動をしていないんだけど、そこでこのお二人が３・０と言い出して、何か活性化する基になる。すでになっていますけど、これからもなるに違いないですから、その意味ではすでに成功を収めていて、大成功を収めつつあるのではないかと思います。もし、かりに内容が間違っていて、的外れだったとしても、活性化したことは間違いないです。活性化して、そもそも仏教とは何であって、何をするべきなのかということを皆で考えるなら、今まで宝の持ち腐れだったものが、本当の宝になっていくという点で大きな貢献をしたと思います。

そうそう、こうやって、最初に褒めるということが私の役割です（笑）。でも、これはたまたま役割で言っているのではなくて、本当にそう思っているわけです。今のは外形的な褒め方で、世の中に役立っているということですけど、内容的にどう役立っているのか、私が哲学的にどう思っているのかということは後でお話しします。

藤田　ありがとうございました。まあ、とりあえずは褒めていただいたということでホッとしました（笑）。永井さんが僕ら二人が言い出した３・０的な在り方の仏教に関心を持っていただいていて、それなりの評価をしていただいているということが分かりました。

次は、僕と良道さんが、仏教3・0の3・0たる所以について、ごく短い形ですが、話題提供ということでお話したいと思います。先ず良道さんからお願いします。

〈仏教3・0〉、〈仏教2・0〉、〈仏教1・0〉

山下　はい、よろしくお願いします。今の永井さんの話をうかがっていて、非常に納得いたしました。私が繰り返し主張している点について、何でそんな当たり前のことをしつこく繰り返すの？と感じられたとおっしゃいましたが、まさにその「当たり前」が最重要なキーワードなのです。この「当たり前」のところに、仏教3・0をめぐる非常に複雑な事情があるのだと思います。今回の鼎談で、このあたりの何重にも絡み合った事情を色々な角度から解きほぐせたら、目的は達するのではと思います。

私自身の歩みは、『アップデートする仏教』（幻冬舎新書）や『青空としてのわたし』（幻冬舎）のなかで詳しく書きましたが、仏教1・0と仏教2・0を、その本場のどまんなかで、最高の先生達について修行、勉強してきました。いわば現場で長い間すごしたわけです。その現場で何を感じたかというと、仏教書でも一般書でも同じですが、本というものが持つ当たり前だけど本質的な限界です。どういうことかというと、本のなかには当然そこに文字として書かれているものと、書かれていないものがあるわけです。本のなかにきちんと言葉として表現されていないのは、著者が意図的に隠しているわけでも、あるいは嘘をついているわけでもない。では何で本にきちんと明示的に書かれていないかというと、それは当たり前すぎるほど当たり前なことなので、わざわざ本に書く必要がないからです。もっと突っ込んでいうと、「これは当たり前なことだから書く必要がないな」と著者がきちんと意識することすらないほど、当たり前の前提なので、それが言葉となって著者のこころのなかにすら現れてきません。

でも、この「当たり前の前提」というのは、実はある一定の範囲のなかでしか成り立たないのですよ。その範囲の外では、それは当たり前にはなっていません。当たり前の前提がそもそも全く違う現場の間を移動することで、そういうことが初めて明確に意識されてくるわけです。私が現場を移動することで、はっきりみえてきた「当たり前の前提の相違」、それにもとづいて、仏教1・0、仏教2・0、仏教3・0という区分けがでてきました。いわば私自身の当たり前の前提が、別の現場に行くことで何度も根本的に突き崩されながら、必死になってその意味を考え続けた結果、出てきたものなのです。なので、いま永井さんが言われたことが、もう決定的に重要なことだとおわかりいただけるでしょう。永井さんご自身の「当たり前の前提」の自覚という意味で。

日本の伝統的な仏教の枠組みをさす「仏教1・0」(今後は1・0と略します)についても、後ほど見ていきますが、我々が「仏教2・0」(今後は2・0と略します)と位置づけたテーラワーダ仏教について少しお話しします。先ほどのべたように、人は誰でも、それぞれの「当たり前の前提」をもとに生きていますから、当然テーラワーダ仏教の人たちにもそれはあります。テーラワーダの国々(ミャンマー、タイ、スリランカ、カンボジアなど)において、そこの国民に向かって法話をされるテーラワーダ仏教の長老（先生）たちは、その当たり前の前提を、話のなかで言葉としてわざわざ表現しません。なぜなら、言わなくてもお互いにわかるから。だからそういう法話をいくら聞いても、あるいは文字になったものを読んでも、その当たり前な前提を読者が意識することはできません。

みなさんが、わざわざミャンマーまで行き、ヤンゴンなどにたくさんある瞑想センターへ行って「すいません、ヴィパッサナー瞑想を教えてください」と頼んだとしても、瞑想センターの先生達は自分たちが前提とするものについて語りません。なぜでしょう。当たり前なことだからです。もうおわかりのように、その当たり前のことが決定的に大事なのです。彼らにとって当たり前すぎて言葉で表現されないから、外から来た人間はしばらくはそれに気づくことはありません。でもそこに何ヶ月、何年もいて、一緒に生活して、毎日何時間も仏教について腹を割って話しあっていくうちに、段々気づいてゆきます。最初はなんとなく、あれ、なんか違うなと。やがて、ああ、この人たちはこういう世界観を持っていたのか、というのが分かってきます。それが明確にわかるまでには、かなり時間がかかります。私自身、ミャンマーにいた四年間で一応分かったのですが、それをじっくりと整理するのに、帰国以降さらに何年もかかりました。最終的に明確になったのは、安泰寺以来の法友の一照さんと対談しながらでしたね。その成果が『アップデートする仏教』という本にまとまったわけです。

今回は、一照さんに加えて、永井均さんに加わっていただくことで、この「当たり前の相違」の整理がもっと普遍的なレベルでできるのではと思い、この鼎談を私自身が一番楽しみにしていました。

今まで出版された本の中でも、私の自伝的なことを書いていますので、それをお読みいただければと思いますが、手短かにこれまでの歩みをお話しします。私が日本の伝統的仏教である１・０に何か物足りなさを感じたのは、１・０で言われていることは非常に深遠だと感じるけど、その深遠さをどうしても直接的に経験できなかったからです。

それに比べて、二十年前ぐらいから本格的に日本にやってきた、テーラワーダ仏教である２・０の方がもうちょっと地に足がついているようでした。例えば呼吸を見るとか、手の感覚を見るとか、非常に直接的でした。１・０の方では、いきなり「坐ったらあなたは既にブッダである」とか。そう言われても、すみません、私は全然ブッダではないのですけど（笑）。まあ、非常に困るのですよ。それだったら、「息を吸っていること、吐いていることに気づく」ほうが、「あなたは既にブッダですよ」より、はるかにずっと現実的ではないですか。まあ、そういうことを含めて、大きな流れに押されて、２・０の本場ミャンマーに行きました。二〇〇一年の夏のことです。スリランカ、ネパールを経由して日本には、二〇〇六年の夏に帰国しました。

ミャンマーの瞑想センターで幸運にも受け入れていただき、正式な比丘にもしていただき、私の瞑想修行が始まったのですが、その瞑想センターで教えられた瞑想は、日本の禅宗の只管打坐などとちがって、非常に具体的だから、どんどん瞑想は進みました。まあもちろん、それまでたっぷりと只管打坐をしてきたおかげでもあるのですが。ともかく、その瞑想が保証してくれている「禅定」だとか、「体が光でできていること」など色々な全部を実際に体験できるわけです。

自分自身のリアルな経験として。これにはやはり驚きました。そして当然、こちらのほうがやはり正しかったなと、思うようになりました。本を読んで正しいと推測しているわけではなく、自分自身がリアルに経験しているのだから、こんなに説得力あることはありません。ここで終わっていたら、やはり2・0がブッダの本当の教えであり、日本仏教である1・0は、残念ながらブッダの教えからの逸脱だったという最終結論になったでしょう。正直、一時的にこの結論に傾きかけたこともありましたが。

けれども、そうなんだけれど……何だか違和感があるのですよ。いったい何に対して、どういう違和感なのかもわかりません。でも、何か腑に落ちないものがこころの底に残る。それはいったいなんなのだ？　瞑想も何もかもうまくいっていたミャンマー滞在の最初の二年半をすぎたころから、この違和感を巡る苦闘の日々が始まってしまいました。そこからまっすぐに『アップデートする仏教』へ、そして今日のこの鼎談へと繋がっていきます。

その違和感の正体が本当に長いこと分からなかったのです。ミャンマーに四年滞在するあいだ、ミャンマーの先生の話をじっくりとうかがい、ほぼ毎日インタビューを受け、また仲間の比丘たちとも互いに本音をぶつけあいました。そういうことをたっぷりとやっていくうちに、あらあら、この人たちは私たちとは全然違う世界観のもとにいるのだ。そういうことが、もうはっきりと見えてきました。

このあたりが、この鼎談のメインの主題になると思いますが、永井さんのような〈私〉の哲学を追求されてきた方、この〈私〉を「比類なき私」とかいろいろな言い方をされているようですが、この〈私〉がすべての前提の方がヴィパッサナー瞑想のインストラクションを聞いた時、既にある枠の中で自動的に解釈されるのではと思います。ただそれは、失礼ながらあくまでも永井さんの自動翻訳なのではないでしょうか。オリジナルのインストラクションが意味するものは、永井さんが解釈したものとは違います。決定的に違います。その問題こそ、これからたっぷりと話し合って行く「主体」の問題ですね。

これは今日のテーマだから、後で熱いディスカッションになると思いますけれども、その前提条件をまずクリアにしておきましょう。私たち日本人にとっては、「自己」という言葉が非常に重たいものとしてありますね。いわばDNAレベルで存在している。それは「嘘の自分」と「本来の自己」という対比となっています。大雑把にいうとそんな感覚ですが、テーラワーダ仏教の国々には、それが見事にない。そんな大胆に断言してしまって大丈夫か、と思われるでしょうが(笑)、一応そうしておきます。

それはどういうことかというと、皆さんがミャンマーの瞑想センターに行った時、ミャンマーの瞑想の先生たちから、面と向かってここでは「自己」という考え方を採りません、とそう言われるわけではないですよ。なぜなら「自己」という考え方が、そもそも最初からあの方達の発想のなかにないからです。自分の目の前にいる、日本から来たという修行者のなかでは、この「自己」が最重要なものとして位置づけられているなど、まったく想像の外の外のことなのです。2・0のヴィパッサナーのインストラクションというのは、そういう彼ら独特の世界観の上に全て成り立っています。

だけどその瞑想インストラクションを、永井さんのような「比類なき私」を哲学してきた方が聞いてしまうと、自動翻訳をしてしまいます。そのため私のポッドキャストを聞かれて、そのなかで私が「青空から気づくのでなければ、サティとかマインドフルネスとかいうのは意味がない」というのを聞かれて、「当たり前じゃないか」と反応されたわけですね。永井さんが自明だと思っていたことが実は世の中的には自明ではないということに、段々と気づかれたわけです。

以上のような観点からもう一度、ヴィパッサナー瞑想のインストラクションをお聞きください。2・0のどのヴィパッサナーのインストラクションの中でも、この主体の話は全然聞いたことがありません。瞑想対象に関してはあれほど詳しく語り、瞑想のテクニックに関しても微に入り細にわたるのに、誰が瞑想するのかなんて話を聞いたことありますか？ ないですよね。なぜ？ それは発想そのものがないからです。たとえていうと、ある野球のチームがあって、草野球なので投手が一人しかいない。投手が一人しかいないと、今日の試合は誰が先発するか、どこでリリーフと交代させるのか？ ということは一切考えないですね。だけど、プロ野球になると、チームのなかにたくさん投手がいるから、今日の先発は誰が投げるのか、抑えは誰にするかが、監督が決めなければならない最重要事項になってきます。それと同じです。草野球のチームでは今日の試合で誰が先発するのかという発想がないように、誰が瞑想するの？ 誰が気づくの？ 誰がマインドフルになるの？ そういう発想がないんです。なぜなら、投手＝瞑想する主体は、ひとりしかいないから。

この、「投手＝瞑想する主体はひとりしかいない」ことを、やはり私ははっきり認識しなければばいけないと思います。でないと、仏教瞑想を適当につまみ食いしていくことがおきるから。テーラワーダの瞑想も適当につまみ食いして、禅宗の坐禅も適当につまみ食いする。まあ、禅もテーラワーダも同じ仏教だから、そんなに違いは気にしなくていいんじゃないの、今週は禅寺へいって只管打坐の坐禅をして、来週はテーラワーダの先生の指導でヴィパッサナーをする。ということを深い考えなしにやると、やはりそれは禅もヴィパッサナーも両方とも致命的に誤解してしまうのでは、と私は怖れます。

だから、禅とヴィパッサナーはお互いに違うから、喧嘩しましょうという話ではもちろんないですよ。違いを知らずにごちゃごちゃにやるのではなく、違いを知って争うのでもなく、違いをきっちり見た上で慎重に瞑想していった時に初めて、「マインドフルネス＝サティ」というものの本当の意味が、実はこの日本で、仏教史上初めて明らかになる、と私はそう信じているのですよ。

どういうことかというと、サティ＝マインドフルネスというと、これはテーラワーダの十八番ですね。これは歴史的にいってもそうです。まあ、そうなんだけれども、テーラワーダの伝統だけでは、サティ＝マインドフルネスというものは開明できない。テーラワーダの伝統をしっかりと学び、さらに東アジアの大乗仏教の伝統も深く学ぶ。この二つの条件をクリアしたときにのみ、歴史上初めてサティというものの本当の意味、そしてそれはブッダ（お釈迦さま）がもともと意味していた意味を初めて分かるのではないでしょうか。ちょっと結論が早すぎますかね（笑）。要するに仏教３・０になって初めて、お釈迦さまの本当の意味するサティが明らかになったのではないのかな。こう言うと完全に自画自賛なんですけども、まあ、そういうことです。

藤田　ちょっと確認したいんですけれども、それはブッダの仏教はもともと3・0的だったということでしょうか？　そうだとすると、それをテーラワーダは誤解しちゃったというか、間違えて受け継いじゃったということですか？

山下　誤解というのはちょっと言い過ぎでしょうね。やはり我々は「私」って誰？　といったら、あれこれ一日中考えているこのシンキング（思考）の主体と、物質的な肉体、その組み合わさったもの、これが私となるのが当たり前ですね。この非常に素朴に自分を捉えている人間が、お釈迦さまに出会って、瞑想のインストラクションを受けたとします。「吸う息に気づく、吐く息に気づく」というように瞑想しなさいと言われたら、その呼吸に気づくというのを、この「私」が気づくというふうに解釈するのが当たり前です。

藤田　それは確かにそうなんですけど。パーリ語で「アナッタ」（anatta）という言葉がありますよね。それを「無我」と訳すか「非我」と訳すかで諸説ありますけれども、「無我」というのは、普段私たちが「オレ、オレ」と言っているような自分でもないし、それから怒ったり喜んだりしている感情でもないし、身体とも違う、ということが教理としてちゃんと押さえられていますよね。仏教で修行の主体と言ったら我ではなくて無我のベースで修行するのが、それこそ大前提じゃないんですか？　でも、いま良道さんが言った実践において「呼吸を観察しなさい」と言ったら、「無我」とか「非我」という教義で錯覚として否定されている「オレ」が瞑想実践のエージェントとして登場してしまうわけですか？　教義と実践がズレているというか、噛み合っていないというのなら分かりやすい話なんですけど、彼らはほんとうにそんな初歩的なことに気づかなかったのだろうか、といぶかしく思うのですが、どうでしょう？　これについては、この後の瞑想の主体の問題のところで話してもらうことになるので、いま無理に答えてもらわなくてもいいんですが、ここは非常に大事なところだと僕は思います。

山下　一照さん、その質問の出どころが、まさに一照さんの「自動翻訳」の結果なのだと思いますよ。先ほどの永井さんと同じではないかな。いまご自分がいみじくも言われたように「無我という、普段オレオレと言っているものではない何か」を既に設定していますよね。つまり、一照さんは先発投手ではない、リリーフ投手をたてているわけですが、その発想が既にもう大乗なのですよ。「リリーフ投手」は、これはそのまま「本来の自己」のことですが、2・0ではそういう発想はないです。「無我」はもっと簡単な意味で、普通いうところの「我」がないと言っているだけです。そこで終わっています。だから、「無我」という名前の「リリーフ投手」がいきなりマウンドにあがって、ヴィパッサナー瞑想を始めるという発想はありえません。

結局、ヴィパッサナーとかマインドフルネスという現象が起こるでしょう。その現象が起こるのはあくまでも、私の言葉で言えば「青空としてのわたし」、永井さんでは〈私〉＝「比類なき私」だから起こる現象であって、現象としてはもう起こっているわけです。だけど、それを上手く説明しきれなかった。自分が持っている世界観があまりにも限定的すぎて。

藤田　実際に起きていることを記述する、概念的に整理するときに現実とのズレが起きている、ということですか。理論の方が不備だったという……。

山下　はい、そうですね。理論の方が不備だったことになぜ気づかないのかが、実は私がいまだに解けないでいる謎です。

藤田　ああ、なるほど。分かりました。

「有心のマインドフルネス」と「無心のマインドフルネス」

藤田　仏教1・0、2・0、3・0という言い方は、僕と良道さんとで『アップデートする仏教』という本を作る対談をしている中でたまたま出てきた言葉です。二人で話しているうちに、どうも三つぐらいに分けられる、タイプの違う仏教の話をしているな、ということが段々見えてきたんです。だから、この言い方は最初からあったわけではなくて、二人で話しているうちに整理の仕方から析出してきたというか、三つの仏教の姿がだんだん浮き彫りになってきたんです。それらに一々長ったらしい形容詞をつけて区別するのも面倒だから、わかりやすいように1、2、3、にしようということで、いわば便宜的につけている名前なんですね。A、B、C、でも別に良かったんですけど。Web1.0とかWeb2.0といった言い方があったので、ちょっとしゃれてみたかったんですね（笑）。

良道さんがビルマから帰って来る少し前に僕もアメリカから帰ってきていました。たまたま良道さんが鎌倉に住んでいて、僕がそこからそれほど遠くない葉山に住んでいたので、良道さんの噂が自然に耳に入ってくるんですね。かつては同じ曹洞宗の安泰寺というところで一緒に得度して修行しましたし、アメリカでも三年間ヴァレー禅堂で生活を共にしましたから、その後テーラワーダの修行を経た良道さんは今頃何を語っているのかなと、興味がありました。ですので、良道さんの瞑想会に参加した人の話とか、かれの法話のポッドキャストとかを聞いたりしていました。かれはその時はもちろん3・0という言い方はしていませんでしたけれども、南方系の瞑想に対して、さっきのような整理された言い方ではありませんが、何か批判的な角度で話しているな、ということを感じました。

何となく僕もそれには納得できるんですね。というのも、アメリカの仏教は2・0的なものが主流なんですよ。非常に熱心なんですけど、熱心なのは誰かというと、件の「私」なんですよね。瞑想の主体と言ったらやっぱり「普段の私」しか想定されていない。彼らも、最初六〇年代、七〇年代に禅に興味を持ってやったんだけど、どうも得心がいかないわけです。禅では説明がほとんどなされないですからね。最初は、珍しいし、特別なことをやっているという感じがあるからやっているけど、やっているうちにだんだん平板になっていくわけです。飽きてくると言ってしまうといけませんが、あるところまでは行くけどそこで行き詰った感がある。どうしてもあるところから深まって行く感じがしなくなってくるわけです。それで同じことを機械的に繰り返しているようなことになる。中には、それにあきたらずに次の手がかりを探し出す人たちがいて、彼らが見つけたのが、南方仏教でした。チベット仏教に流れた人もいますけれども。

南方仏教は、はっきり修行のステージが分かれていて、これを習得したら次はこれ、というように、メソッド好きのアメリカ人たちに非常にアピールするような体裁のものだったのです。僕もアメリカに行ったその年に、ゴエンカ系の瞑想センターに誘われて十日間の瞑想合宿を体験しました。これはとてもよくできた明快なメソッドで、アメリカ人はこういうのが好きだろうな、と思いました。その後、チャンスがあるときには他の系統の瞑想センターにも行ったりしていたんですけど、例えば彼らはこういう言い方をするんですね。心というのは子犬のようなもので、呼吸のところに集中しなさいと命令しても、落ち着きがないからすぐあっちこっちに行っちゃう。だから修行というのは、じっとしていないで動き回る子犬を、所定の位置から離れたら、摘まんできてそこへ置きなおして、「ステイ（ここにいなさい）」と命令する。また離れたら連れもどして「ステイ」と言う。こうやって辛抱強く調教するようなものだと喩え話を持ち出して説明していたんです。このアプローチって、そのようにやっていれば、まあだんだんそうなっていくんだろうけど、それって仏教の目指しているものなのかなと思いましたね。お釈迦さまって、こういうアプローチの限界を知ってそれを乗り越えた人なんじゃないかと僕自身は理解していたので、このアプローチは果たしてどうなんだろうと思っていたんです。

最初は、禅なんかよりも、言うこと、やることが明快だし、一生懸命「ステイ」と言い続けていたらそのうち「ステイ」するようになるので、それでもいいのかなと思っていたけれど、『六祖壇経』などを読むと、ははあ、なるほど禅が批判していたのはまさにこれではなかったのかな、と思い当たりました。僕は『六祖壇経』が好きで読んでいたんですけど、『六祖壇経』の中には、詩偈の形でこの2・0と3・0を対照しているところがあります。もちろん2・0とか3・0とは言っていませんが。それはこういう話です。

慧能さんが五祖の跡継ぎの六祖になるときの話です。もちろん伝説でしょうけど、六祖は文字が読めない人、教養がない人ということになっていて、坐禅とか正規の修行はやらせてもらえず台所で米搗きをやっていた。五祖さんが、そろそろ跡継ぎを見つけようということで、弟子たちに向かって「おまえ達の中で我こそはという者は、自分の見解《けんげ》、つまり仏法についての理解を詩偈の形にして貼り出せ」、と言うのです。お坊さん達の中では、もうあいつしかいない、という秀才が一人いるわけです。その神秀という名前の僧が、「体は菩提樹のようなものであり、心は鏡のようなものである。だから、鏡に埃や塵が積もらないように、毎日きれいに掃除しなければいけない。」といったような優等生の詩を書きます。心という鏡に煩悩という塵がつかないように、毎日倦まず弛まず拭いてきれいにするということです。これは非常に優等生の答えです。アメリカの人たちはこういうのが好きですね。そして拭き方もいろいろあるのでしょう。濡れた新聞で拭くやり方とかスポンジに洗剤をつけて拭くとかいろいろなメソッドがあって、その中で一番効率よくクリアーになるメソッドが一番いいということになりますよね。これは分かりやすいです。テクノロジー的考え方ですね。

ところが六祖の場合はそうではなくて、俺は全く違う考えだぞ、ということで別の詩を書くわけです。もちろん自分では書けないので別の僧に書いてもらうんですが、それは全然違うアプローチです。菩提樹とか鏡とか、塵といったようなものは無いんだ。本来無一物であるとか身もふたもないようなことを言います。神秀の方が分かりやすくまっとうに見えるんだけど、けっきょく五祖は慧能さんの方を跡継ぎにしたわけです。禅はこういう伝統の中にあります。

また、『六祖壇経』のもう少し後の方を読むと、六祖の弟子がある偈頌を唱えている。その偈頌はどんなものかというと、臥輪禅師の偈頌です。臥輪にはテクニックがある。百の思念が起きたら、それを使って全部カットできる。だから、思念が、思いが起きてもカットできるテクニックを持っているので、毎日そうやって修行しているから悟りというのがどんどん成長するんだ、という詩です。たぶんその人もそうなりたいので、その詩を唱えていたのでしょうけど、六祖はそれを聞いて、そんなことをやっていたら、ますます繋縛、つまり自分を縛るだけだよ、と言うのです。そして、私にはテクニックなど一切ない。だから思念がぽんぽん起きてくるし、それをカットするなんてこともない。だから、悟りが深まることもない、と言っています。こういう修行をしなさいと言うわけです。これじゃあ困りますよね（笑）。

これは文字通りに受け取ると修行を否定しているように聞こえますよね。けど、この否定されている修行は、修行一般を指しているのではなくて、ある枠の中でやっている瞑想テクニックに習熟する修行です。道元さんはそれを「習禅」と呼んでます。アメリカの人たちが多くやっているのは、そういういかにも真面目な修行なんだと思います。『六祖壇経』を読めば、そこで批判されていることを熱心にやっているのです。僕は幸いそういうことに批判的な禅の立場がバックグラウンドにあったので、最初は皆熱心だし、たいしたものだと思っていたけど、いくら熱心だからといってもそれが必ずしも仏教的にOKということでもないという視点があったんです。どっちを向いて何が主体で熱心にやっているかということが大事で、そこはやはりよく見極めておかないといけないんじゃないか、と思ってました。修行の方向性と主体の問題ですね。

六祖は、そういうことをやっていたら、ますますがんじがらめになるよと言っている。それは何を見てそう言っているのかを、僕らはよく吟味していかなければいけないですね。一般的に言って仏道修行の熱度が低い日本から行くと、向こうの人は相当熱心なんでそれに眼がくらんでしまいますけど、熱心な背景に何があるのか見なきゃいけない、と僕は思っています。

それで日本に帰ってきてまわりを見てみたら、渡米前には見当たらなかった、そういうタイプの仏教（2・0）が流行りつつあって、熱心な人が増えているようなんですね。それで、そういう文脈の中で、良道さんはミャンマーから持って帰ってきたものをそのまま広めているのかなと思ったら、どうもそれが違うらしい。これは彼と直接会ってじっくり話を聞いた方がいいと思っていたら、ちょうどそのころ幻冬舎から新書を作りませんか、という話が来たので、これは一石二鳥かもしれないということで、『アップデートする仏教』に結実する対談をやったわけなんですよ。

ですので、僕は最近流行りのマインドフルネスに絡めて言えば、2・0は「有心のマインドフルネス」、そして、3・0は「無心のマインドフルネス」ということを言っています。では、1・0はどうかというと、「無心」で終わっている。「無心」という何か神秘的な境地があって、それについては語るんだけれど、そこまでの道筋が全然語られない。「無心、それはかくかくしかじかの、この上なく素晴らしい境地だ。おまえたちもそこへ行け。おしまい」というところで終わってしまっているんですね。それに飽き足らない人たちがマインドフルネスという道筋をつけた。けれど、それは「有心」でやっちゃってるんですね。それで「無心のマインドフルネス」

というのは、さっき永井さんも結合と言ったけど、そういう結合したかたちで、「無心」で「マインドフルネス」する。面白いですよね。「無心」って英語にしたら「マインドレス（mind-less）」ですよね。心がない。あるいは、no-mind。マインドフルネスは文字通りの意味は「心がいっぱい」ですから、まさに正反対。それが3・0では両立というかクロスしているところが、非常に禅的で面白いですよね。無心がそのままマインドフルネスになっているようなあり方です。

そういうふうに一見対立するものが同時に含まれているというのが大事なポイントで、たとえば野口整体では不摂生を上手にするのがほんとうの摂生なんだと、創始者の野口晴哉さんがどこかで言っていました。摂生というと、病気にならないようにびくびくして、これはだめ、あれもだめと、神経質に計らいをしている。しかし、それ自体が人間を弱くしていくわけです。だから、お酒を呑んでも煙草を吸ってもいい、それを摂生にする道があるんだというわけです。それは、摂生か、不摂生かという対立を越えている。野口さんの考え方の背景にあるのは禅だろうなと僕は思っていますけど。「無心のマインドフルネス」というのは、それに通じる話ですよね。「無心」即「マインドフルネス」、「マインドフルネス」を「無心」にやる。そういう「えっ、それって何？」と思うような、普通なら矛盾にしか思えないようなことが悠々とできる道筋、そこに本当の3・0への道筋が生まれるのではないか、と僕は思っています。

結論としては、『六祖壇経』に、僕が考える3・0的なもののモデルとなるようなものがあったな、ということが言いたいことですね。

「子犬＝私」の瞑想と「子犬≠私」の瞑想

山下　いま「無心」と「有心のマインドフルネス」と「無心のマインドフルネス」の三つが出て来ました。非常にわかりやすい分け方ではないかな。1・0は「無心」が大事というけど、でもどうやったら「無心」になれるのか方法がない。あるいは「方法」というものを、端から拒否している。2・0は非常に具体的な方法はでてくるが、「私」というかなり問題のある主体がやる方法なので、結果として「有心のマインドフルネス」になってしまう。これだと、本当のマインドフルネスといえるのか、という大問題がでてきます。それで3・0になると、その1・0と2・0の二つがかかえる問題を乗り越えた「無心のマインドフルネス」と、まとまりますね。

そこで、私と一照さんがアメリカにいた頃（一緒にいたのは一九八八～一九九一年）は、われわれは完全にまだ1・0だったのだけど、その頃急速にティク・ナット・ハン師がアメリカ社会で知られてきて、我々も本をたくさん読みましたね。英語の仏教書の勉強として。でも正直にいうと、ティク・ナット・ハン師の言われる「マインドフルネス」に、私は非常に違和感がありました。というか、いったい何を意味しているのかが、正直ぴんとこなかった。要するにBe mindful! と常に強調される。「気づけ、気づけ、気づけ」と、そればかり。でも、気づいたら「無心」にはならないでしょう。というのが私の正直な感覚でした。つまり「無心」と「気づき」というのが、非常に矛盾する組み合わせなのではないか、というのが、曹洞宗のなかで純粋培養されて育った禅僧としての私の、ティク・ナット・ハンさんに対する最初の反応だったのです。

これが純粋に曹洞宗の禅僧だったころの私とマインドフルネスの不幸な関係ですね。その後、日本に戻り、オウム事件などに遭遇していくうちに、針は逆に振れました（笑）。今度は「無心、無心、無心」に違和感を覚え始めました。アメリカで「気づけ、気づけ、気づけ」に違和感を覚えた人間が、五年もたつと、日本で「無心、無心」に違和感を覚えるのだから、なんて節操のないやつだと、自分でも笑ってしまいます。違和感の根拠は「無心、無心」にはなんの実感もなかったことと、「無心」がオウムを生んだとは言わないけど、下手をすると何か危険なものを生んでしまうのではないか。このあたりからですね。オウムの事件のあとの、荒涼とした焼け野原のようになった日本で、もう自分が体験してもいないことを大袈裟にいうのはやめて、みんな、もっと謙虚になろうよ、という思いが強くなりました。空虚な言葉を弄ばないで、それよりももっと真面目に、地に足が着いたマインドフルネスをやろうよ。と、その頃自分で起ち上げた高知県の「渓声禅堂」で呼びかけていました。曹洞宗の仲間達を中心に。そのはてに、二十一世紀に入って遂にミャンマーまで行っちゃったんだけど。

でも、その自分が憧れたマインドフルネスの本拠地へ実際に行ってみると、そこでみたのはまさに一照さんのいう「有心のマインドフルネス」でした。もっともそれに気づいたのは、ミャンマー滞在の終盤になってからでしたが。一照さんは、子犬の話を出しましたが、私は一法庵の法話では、よくお猿さんとかモンキー・マインドと言っています。まあ、お猿さんでも子犬でもいいのだけれど、子犬をきびしく調教して、ついに子犬がじっと瞑想対象に向かって動かないでいる。それが瞑想の、ひいては仏教の目標だとなったならば、それはいったいどういうことでしょうかね。

それが意味するのは、あなたは子犬だってことになっちゃうんですよ。あなたは子犬である。今までは落ち着きのない子犬だったのが、修行の結果、あなたは落ち着いた子犬になりました。めでたしめでたし、になりますか。落ち着きがあろうが、なかろうが、子犬は子犬ではないですか。「子犬が瞑想をする」。これはなんというか、あとで出てくるでしょうが、かなり無理な話だし、夢のない話になりませんかね。最初から根底に何か矛盾があるのだけど、さっきも言ったように、「私＝子犬、お猿さん」以外の私というのが思いつかないから、誰もそのあたりを深く追求しなかったのではないでしょうか。

だから、一照さんが言うことも分かるんだけれども、「子犬＝私」、そういう発想しかない文化圏があるわけです。そして、一照さんがそれに反発するのは、それはすでに我々が道元門下だったからですよ。いわば違う文化圏のなかに生まれ落ちて、そこで訓練をうけてきたからです。そのなかで「子犬≠私」ということを、伝統的に色々な表現の言葉で聞いていたからです。子犬が私であって、落ち着きのない子犬を何とか調教して、落ち着きのある子犬にしようよね、それが修行であるという考え方にどうしようもない違和感を覚えたのは当然だと思います。ただ、そのあたりは仏教全体を理解しないと、すべてが見えてこないのではと思います。

藤田　「さあ、これから呼吸を観察してください」と言われたときに、どういうふうにそのインストラクションを受け止めて、どういう態度でそれをやるかですよね、大事なのは。普通、「有心のマインドフルネス」だと、観察する私と観察される呼吸とに距離がある。そこに断絶、分離がある。だからうっかりすると二つが離れるということが当然のこととして起こり得るわけですよね。けれど、観察するといったら、やり方はこれだけなのか、そういう二元的な観察の仕方しかないのかということになります。

さっきの調教モデルは、そりゃやってみたらできなくはないけど、何か窮屈な感じがする。そうではなくて、姑息な手を一切使わないで、放っておいたら心がどう動くかを、心になるべく広い自由な空間を与えてその振る舞いを見てみる。子犬の喩で言うとそれを何が何でも一カ所にじっといさせるように強制したり拘束するんじゃなくて、なるべく広いグラウンドみたいな所に放って、好きなだけ動き回ったら、そのうち満足して勝手に自発的にじっとするようになるだろう、という、そういうアプローチもありますよね。こっちの方がより自然じゃないですか？　子犬がじっとしていなくてキャンキャン遊び回るのは自然なのだから、その自然のままにさせておくわけですよ。でも、子犬だからといっても、いつまでも動き回っているわけではないですよね。動き回っている時もあれば、じっとしている時もある。

やらなきゃいけないのは、子犬を調教することではなくて、一カ所に無理矢理置くんじゃなくて、大きな、子犬が動き回っても全くはみ出ることのない、ここの中にいればそれでいいよ、というような広々とした空間を作るということではないかと思います。アメリカへ行ってマインドフルネスとかヴィパッサナーを見聞してみて、それとの対照で思ったのは、日本で禅という形で僕が習ってきたのは、それが自分にできるできないは別として、方向性としては明らかに後者の方だった気がするんです。だから、分かりやすい調教モデルって、どうも僕の趣味ではないなっていうのはあります。例えそれができたからって、それで仏教としては果たしてどうなんだろうということです。

気づきの空間がそれだけ大きければ、呼吸はそれから離れようがないんですよ。そこから外にもれることがありえない。離れたから持って来るというような話ではなくて、呼吸はこの中でいつでも起きているから離れようがない。だから観察するというのは、自分とその対象の間にギャップを作っておいて、その上で観察するというのではない観察もあるんじゃないかな、と僕は素朴に思っていました。良道さんは、そこを「青空」ということで言っているわけですけど。

山下　一照さんがいま言われたことも、「自分≠子犬」を前提しているからです。そこから余裕がでてくる。でも、自分が子犬だったら、必死になってその子犬をなんとかしなきゃいけなくなるじゃないですか。その子犬をなぜ放っておいても大丈夫なのか、といったら、自分は子犬じゃないから。一照さんは、既に子犬から離れて自分を見ているでしょう？　ということは、一照さん自体がすでに「青空」の場所に立っている、ということです。

藤田　この次元では、もう子犬もなにもないって感じがするんですがね。まあ、それはいいとして、今度は永井さんに意見を聞きましょう。

「無我」と本質と実存

永井　「無心のマインドフルネス」という表現には本当に面白い問題が含まれていますよね。だって、「心」と「マインド」は同じ意味ですよ。だから、「マインドフルなのに無心」と言う時には、無心の「心」と、マインドフルネスの「マインド」は違う意味なわけですよ。それで、禅の人は矛盾概念を使うのを喜ぶじゃないですか（笑）。あれはよくないよね。禅の一つの欠点というのは、矛盾概念を明らかにしないで、そのまま喜んで使い続けて、何か意味あり気にするという点。ちゃんと解明することができるはずですから、やはりどういうことなのかをちゃんと言わないといけない。

藤田　同感です。お願いですから、とことん解明してください（笑）。

山下　私もまったく同感です。そんな次元で矛盾概念を喜んでないで、さっさと解明して、先へ進もうよと思っています。

永井　（笑）。じゃあ、心というか、自己について解明します。さっき、2・0の話に触れた時に、僕は禅というか大乗仏教の伝統に基づいて理解してしまった、ということを言いましたけど、あれは不正確で、本当はそうではなくて、実は僕は勝手に自分の哲学に基づいて理解してしまったんです。それと大乗仏教的な考え方が同じか違うか、ということ自体がむしろ本当は大きな問題で、今回はそのことも問題になると思いますから、私はどういうふうに考えたか、ということをお話します。

先ず、「無心」とか、さっきは「無我」という話も出ましたけれど、「無我」で行きましょうか。「無我」と言った時に、何がないのか。このへんがはっきりしないんですね。我《われ》って言うと、分かったような気がして、我《われ》が無いんだというようなことを言うんですけど、いったい何がないのか、つまり、ないそれはいったい何であるのか、が問題です。哲学をやっている人間は、無我というような単純な表現で分かったつもりになって、それを金科玉条のようにしてしまうことを好みません。あるか無いか以前に、無いと言っているその我《われ》とは何か、ということを徹底的に解明しなければならないと考えます。徹底的に解明されれば、どういう意味であり、どういう意味で無いかは自ずと分かるはずだし、もしそうでないなら、あるか無いかの選択は単なる思想的立場の選択にすぎないことになるから、あまり重要な問題ではないことになります。私もそういうふうにしか考えられない人間なんですけど、哲学をやっているからそういうふうな哲学体質になったのではなくて、もともとそういう体質だったから哲学をやるようになったのだろうと思います。というわけで、有無を問題にする以前に、有無が問題になっているその「我」とは何かのほうを、徹底的に解明しておかなければならないと考えるわけです。

普通よく、「我」とか「私」には実体がないというような言い方をする人がいるんですね。でも、実体って言っても意味が分からないじゃないですか。実体って難しい概念ですよ。実体というのは、西洋哲学の用語としてもよく使いますけど、非常に難しい概念で、主語となって述語とならないというのがアリストテレス的な概念ですけど、この意味がよく分からないですね。「自我には実体がない」と言うと何となく分かるような気がしますけど、実は何がないのか分からないですね。そして、実体はないとして、では何ならあるのか、と私などは聞きたくなります。もし現象だけあるなら現象的存在として立派にあることになるので。問題をはっきりさせるためには、実体と実は似ているんですけど、違う言葉を使った方がよくて、それは本質という言葉です。「本質がない」という言い方の方が、哲学上のポイントとしては的を射抜いています。

「本質」という言葉は何と対立しているかと言うと、西洋哲学の伝統的な概念では「実存」です。実存とはただ存在するということです。西洋哲学では、存在論という分野が昔からあって、近代になってから認識論が出てきましたけど、存在論が最初なんです。存在論というのは、「存在とは何か」という問題を扱う分野なんですけど、実はインド・ヨーロッパ語では、存在というのは全部英語のbe動詞にあたるもののことで、be動詞には「〜である」と「〜がある」の二つの意味があるわけです。それで、「〜がある」が実存で、「〜である」が本質です。「〜である」の「〜」のところに入るのが全部本質なんですね。一照さんと良道さんはお坊さんである、と言ったら、これはお二人の本質を言っていることになります。それに対して、「〜がある」が実存。ここにコップがあるとか。ではコップとは何か、と言うと、それはまた本質の問題になりますが。それで、実存と本質は両方ともbe動詞なので「存在」とくくられるわけです。しかし、日本語としては、存在と言えば実存の方で、本質はそうではない。ここが存在論という概念のわかりにくいところですね。

それで、「私には本質がない」。これは私が主張したいことであり、かつ実は、仏教的なことでもありうると、ここではあえて言ってみたい。私には本質はないんだけれども、何があるかというと、実存だけがあるんだ、と。このことは、ちょっと前にサルトルという哲学者が、「実存は本質に先立つ」という言い方で言おうとしたことの一部ですね。つまり、私はただ存在している。実存主義者たちは「投げ出されてある」というような言い方をしているんですけど、これはちょっと洒落た言い方で、ただ無理由に投げ出されてあるだけで、それが何であるかは分からない、決まっていない、何であるかが分からないけど、とにかくそれがある、あってしまっている、と言っているわけです。これが実存するということですね。とにかくある、もうあってしまっている。何であるのかは分からないけど。

いま存在論と認識論というふうに言いましたけど、この問題をまず認識論的に考えてみますと、多くの人がいても、どれが自分であるかはすぐ分かりますよね。どうして分かるのかということをちょっと考えてみてください。他の人たちをどうやって見分けるかというと、顔とか、声とか、いわば本質で見分けるんですね。あるいは、本質という言い方が分かりにくいなら、性質でもいいです。その人の持っている性質、その人の持っている属性によって見分けますね。この人は誰々、この人は誰々と。だいたい見た目の場合は顔ですね。電話だったら声とか。警察だったら指紋とか。もっとちゃんと調べるならDNA鑑定とか。

ところが、どの人が自分であるのかは、そういう本質とか属性というものを一切介入させずに、直接的に分かりますね。いや、直接的にしかわかりませんね。この点はいいですよね。皆そうですよね。何か本質とか属性を使って自分を他の人々から識別している人っていますか？　使っているような気がしても、それは錯覚で、実は使っていない、というのが重要なことです。錯覚するんですよ。自分とは誰だろうっていう時に、「自分とはかくかくしかじかの人間である」と思っていますよね。だって、ずっと長年生きてきて、どういう性格で、どういう人生を送ってきていて、今どういう問題に直面しているか、という記憶の系列があるので。その記憶の系列とか、来歴とかというものが他の人と違うから、こいつが自分なんだというふうに思いがちなんですけど、本当はそんなことは関係ないんですね。関係ないというか、他の人から自己を識別する時に、そういう本質を使って識別することは決してできないんです、やろうとしても。やってないだけじゃなくて、やろうとしたってできないんです。

だから、われわれは、どれが私であるのかどうやって捉えているかといえば、ただ直接的に実存している**こいつ**、ということだけで識別している。他に混同可能な候補が存在していないということによって、すぐにこれだと分かる。ほかの特徴は何も使っていません。これは別に私の主張でもないし、思想ということでもなく、単なる事実です。これは、もし反対する人がいたら、その人が間違っているわけです(笑)。単なる事実なんで。それ以外に自分を識別するやり方はないんです。これは認識論的に考えた場合の「私とは何か」ということの一つの重要なポイントで、これがつまり「私は本質ではなくて実存である」ということです。

ついでに言っておくと、「私」だけがそうなんではなくて、他の概念にもそういうものがあって、もうひとつに「今」というものがありますね。大昔からずっと先まで、ずーっと時間はあるわけですけど、その中でいつが今なのか、ということも、何年何月何日何時何分であるかとか、何が起こっているか、といったこととは関係なしに、そういう内容によってでじゃなくて、まさにこれが今だということが、端的に分かりますよね。そして、他の時点を間違えて今だと思うことなどありえないでしょ？　絶対に間違えないのはなぜかと問われたら、答えは明らかで、今しか存在していないからですよね。端的に存在している時が、すなわち今であるわけです。今しかないんです。過去はもうないし未来はまだないですから。あるのは今だけだから、間違えようがないんです。ないものと取り違えることは不可能じゃないですか。だから、いつが今であるかは直接に分かって、しかも決して間違えない。

　実は、私も同じなんです。私以外のものはないんです。ないって言うのはおかしいけれど、他人の顔を見たりして、ああいるなと分かるけど、そう分かっているのはいつも私ですから。ああいるな、とか、ああ、何とかさんだな、と思っているのはいつも私で、すべては私において起ります。それも、ただ実存しているだけで特定の誰かであることがないような私において、です。そういう意味では、私は、ただ実存しているだけで、今が今しかないのと同じ意味で、私も私しかなくて、だからそれが全てなんです。この全てということの意味は、特殊な意味の全てですね。今の場合でいうと、今が全てと言ったって、もちろん過去や未来はありますよ。あるけど、それらはみな今においてあるだけです。過去は今から見ての過去だし未来は今から見ての未来です。しかし、与えられた時は必ず今で、それ以外のものは端的に与えられないから、これが今なのか、それともあれが今なのか、と並列的に見るなんていうことはそもそもできないので、したがって間違えることもありえないわけです。私の場合もそういうあり方をしている、ということが一つですね。これが認識論的な考え方です。私が私自身を他から識別してとらえる時、私は、それが誰であるかには関係なく、ただ端的に存在しているという事実によって識別してとらえているのです。そういう意味で、私はもともと端的に無我で、そうでないと私になれないんですよ。

もう一つ、存在論的に言いますと、いろいろな説明のタイプがあってどれがいいか分かりませんけれど、こういうふうに考えてみてください。本質において自分と全く同じ人がいたとします。自分のコピーというか、複製体が作られたとします。それは自分と内容的には全く同じ人なんです。自分が二つに分裂するという思考実験がありますけれど、それでもよくて、とにかく自分と同じ人。顔かたちや背格好ももちろん同じだし、身体の内部の物理的状態も全部同じだし、心の中も、つまり記憶や性格等々もまったく同じ人です。居る位置が違うから見えている風景などは違ってきますが、せいぜいその程度の違いで、私であるこの人を他の人々から区別している特質という点では、そういう特質をすべて持っているような人です。

そういう人がいたとしても、それだからといって、その人が私になるわけではない、ということがポイントです。このことからわかることは何かというと、それはさっき言った、私は本質でないということです。私と全く同じ本質を持っている人がいたとして、それだからといってその人が私になるわけではないからです。つまり、私が存在するということは、ある特定の本質、特定の性質、特定の内容を持った人が存在しているということではない、ということになります。ここが存在論的考え方のポイントです。私が存在しているというのは、ある特定の内容、特定の中身を持った人が存在しているということではなくて、そういう内容とは全く関係なく、なぜか端的に感じられる、端的にこれである生き物が一つだけある、ということなんですね。それが誰であるかという中身には関係なく。

これは、「今」でも同じことですね。現在というのも、こういうことが起こっているから現在であるというわけじゃないですから。今起こっていることは、内容を全く変えずに過去になりますよね。過去になっても中身は同じですよね。ただ過去になるだけで。全く同じ中身がただ過去にだけなるんですよ。だから、今であること自体は、起こっていることの中身とは関係ないんです。今であることは、起こっている内容とは関係なく、端的に今であるだけです。私であるということも同じで、私であるということは、その人の中身と関係なく、なぜかそいつが端的に私であるだけです。これはある意味非常に驚くべきことです。私はその成立において端的に無我なんです。本質がなく、もちろん実体もありません。「何であるか」がないのです。

なぜかというと、こういう説明もできます。人間にはいろいろな心理状態が起こっていて、それはみな脳とか神経とかの物理的なものによって作られている、と考えられていますよね。それは今日の普通の世界観ですね。人間は基本的に物理的存在で、脳がある状態になると、いろいろな感覚とか思考とかが起こる、と考えられています。でも、そのことは、他の人もみな同じじゃないですか。他の人も皆そうなのに、どうして一人だけ現に私であるというきわめて特殊なあり方をしたやつがいるのか、が問題です。この特殊性は何が作り出しているのでしょうか。これは脳では説明できないでしょう。脳が意識を作り出しているのは皆同じですから。みな殴られると痛いでしょうし、目から世界が見えているでしょうけど、現実痛いやつ、現実に見えているやつは一人しかいません。この不思議な違いは何が作り出しているのか、ということです。そこでいったい何が起こっているのか、ということです。だって、心とか意識とかが起こっているというなら、他の人にも起こっているわけでしょう？　脳や神経が作り出しているというなら他の人も同じでしょう？　それなのに、一個だけ、現実に殴られると痛いやつが、目から世界が見えているやつがいる。それはいったい何なのか。そこでいったい何が起っているのか。

何が起こっているのかを説明することはできないんです。科学的にできないのは当たり前ですね。だって、事例が一個しかないから、あらゆる人にないから、研究のしようがない。さっき問題にした今の存在も研究できないのは同じです。物理学者は、今という存在を認めないんですよ。これが唯一の端的な今だという意味での今はね。どの時点もその時点にとっては今だという意味での今は認めるけれども、ここに現にそういう意味の一般的な「今」とは違う端的な今がある、という事実は認めない。それが何であるか、ということは、そもそも研究していないし、問題意識さえ持っていないですね。すごい謎なんですよ。この今があるということは。誰も研究してないですから、明らかになるはずもないし、明らかにするための方法も、道筋も全くないんです。私が存在することも同じです。どの人間もその人間にとっては「私」だという意味での「私」は認めるけれども、そういうたくさんの「私」たちの中に、そういう意味の「私」とは違う端的な私が現にいる、ということは認められない。こっちの問題については、研究していないし、研究する方法もないんです。

藤田　端的な私とか端的な今とか、そういう普通の人なら決してこだわらないだろうような問題があることに気づいて、しかも何でここまでしつこくこだわるんだろうか、というそのあたりが、いきなり最初から永井節が全開なので、ついてこれない人はついてこれないかもしれませんね（笑）。

たぶん永井さんが瞑想した時に、最初から3・0的なアプローチでやったというのは、それ以前にすでにこういうことをずーっと考えていたからですよね。哲学するのとは別の営みとして瞑想したというのは、永井さんの中では、その二つのことになんとなく同じ匂いがしたんですか？僕が勝手に想像しているんですが、仏教や瞑想や坐禅も、永井さんの哲学の営みの中に知らず知らず引っ張り込んでやっていたんではないですかね？

永井　そうなんです。このことは、ずっと昔から考えていたんで、坐禅とかやった時に、自然とこの世界観に入っちゃうんですね。いろいろな捨てなきゃいけないものがあるじゃないですか。雑念とか、煩悩とか。そういう場合、さっき言った本質とか内容というものが捨てられていくわけです。僕は簡単に捨てられる（笑）。そんなものは自分じゃないとずっと昔から思っていましたから。それで、残ったものが実存と言いましたけど、これを仏教用語の、例えば仏性とか、そういうような色々な名前があるようだけど、それを与えてよいなら、それにすぐなれちゃう。哲学上の考え方にあまりにも慣れてしまっているので、そういう意味では全然容易で、もちろんそうですよ、私が存在しているとはそういうことですよ、という形で。だから良道さんが、「私の本質は青空だ」とよくおっしゃいますけど、それは私から言えば、「私にはただ実存だけがあって本質はない」と言い換えられますね。本質とか内容とか中身とかなくて、ただ存在している。

いわば空っぽ。空っぽというのは「空」と言ってもいいですね。本当にこれは空っぽなんですよ。事実なんです、単純に事実です。そうじゃなかったら、中身なんかあったら、どれが私だかわからなくなっちゃいますから。空っぽのやつが一人いるんじゃなかったら、たくさんいる中で、どれが自分だか分からなくなっちゃいますから。絶対分からなくならないのは、一人だけ本当に空っぽで中身がないからなんですよ。

中身がないというより、中身じゃない、と言ったほうがいいかな。中身はあることはあるんだけど、関係ないんですね。中身が関係ないやつが一人だけいるんですよ。これは驚くべきことだけど、本当のことです。内容はただの作り物というか付属品でたいしたものじゃない、そういうやつが一人だけいるんです。

藤田　煩悩の浮き沈みとか、自分はああなりたい、こうなりたいというのは、みんな本質と言われている方の話です。悩みというのはみんなそこに入る。永井さんの場合、それを哲学的な思惟のレヴェルで私という実存と区別してあっさり切り離す訓練をしているので、結果的に坐禅とか瞑想に入る準備運動をしたことになっていたわけですね。だとすると、われわれもそういう永井さんのような哲学的な思惟のワークをあらかじめやっておけば、もっと楽に坐禅や瞑想に入れるはずです。そういう「坐禅のための哲学的思惟のワークブック」みたいなものを永井さんにぜひ作っていただきたいですね（笑）。

思考が混乱した状態のままで瞑想している人が多いんですよ。アタマがちゃんと整理ができていないというか。アメリカの人たちはとにかく早く実践をやりたい人が多いので、ちゃんと瞑想なり坐禅なりがもとづいている、良道さんは世界観と言ったけど、そういう前提になっている考え方の整理整頓を全然やらないで、考え方がごちゃごちゃのままでいきなりやり方を習ってやってしまっているから、しないでもいい余計な苦労をする。だから、永井さんが言ったような本質と実存の区別みたいな、ちゃんと思考の整理をして、余計な苦労をしないですむようなアタマがすっきりした状態になってから、瞑想なり坐禅なりに取り組むような手順を工夫すべきじゃないかな、と永井さんのいまの話を聞いていて思いました。坐禅に相応する形に思惟をスッキリ整理するということの大切さはもっと考えられていいと思います。八正道《はっしょうどう》（ブッダが最初の説法で説いた実践法）の最初の二つは正見《しょうけん》と正思《しょうし》で、その後に言葉とか行い、瞑想といった具体的実践が置かれているのはそういうことを示しているんじゃないですかね。

前反省的自己意識について

永井　配布したプリントにも、「反省的自己意識」という話も出てきているので、これもついでにちょっとだけ説明しておきます。（当日配布したプリントは、その当時、永井が『文學界』に連載していた「哲学探究」の一部で、その部分は現在では『存在と時間——哲学探究1』（文藝春秋）の第六章になっている。）私が本質的な自分、内容的自分を把握する時には、自己自身を反省的自己意識によってとらえるんですね。反省というのは、自分自身を「何であるか？」ととらえることです。だいたい反省意識が働いていない時は、自分が「何であるか」は忘れているわけですけど、ちょっと反省意識が戻れば、自分自身というまとまりを作り出して、そういうまとまりをもった自分が思い出されて、自分は今何をやっているのかということも、そのつながりの中に位置づけてとらえられていくわけです。

この反省的自己意識ということは、基本的にはカントが言っていることです。まあ、他のいろいろな人も言っていますが、カントの話はむしろもっとでかい話で、反省的自己意識で自分がどういうものかということを作り出すだけではなくて、それといっしょに世界自体を作り出すのです。だからカントの話は、いま論じていること以上にでかい話です。この客観的世界構成自体を反省的自己意識によって作り出すわけですから。物理学なんかも全部作っちゃう。ニュートン力学ですけどね。反省的自己意識がどういうカテゴリーに従うかとかいう話から、因果性というカテゴリーに従うというところにいって、物理的世界を全部構築しちゃうという、ばかでかい話で、そこまでやらなくていいと思うかもしれませんが、でも、これはたぶん本当のことなんですね。

それで、それに対してそれだけじゃだめだ、ということをサルトルが言っていて、それが「前反省的自己意識」です。前反省的自己意識でとらえる時に、実存としての自分をとらえることができる、と。これは、カントやサルトルに忠実な説明ではなくて、今日の話に関係づけて、私流に分かりやすく解説してますけど、簡単に言えばそういうことです。実存している自己というものを直接的に把握するというのが、前反省的自己意識です。

そうだ、「志向性」の話をしていなかった。いつも今であると言っても、いつも過去や未来のことを考えてはいるじゃないですか。それが志向性です。反省的自己意識は、世界というものを志向的に構成するんです。他人のことを慮ることもその一部です。それに対して、前反省的自己意識は志向性を止めるんです。志向性を働かせない。それで、ここにあるこれだけという方へ、端的に存在しているだけの私の方へ、連れ戻すのです。

山下　「志向性」とは私の言う「映画」のことですか？

永井　志向的に構成したものが「映画」ですね。しかし、カントでいうと全部が「映画」ですね、物理的世界も。だから、人間の苦しみとか煩悩とかそういうものだけじゃなくて、客観的世界も全部「映画」です。物理学も全部「映画」です。でも、カントではその映画からは出られないのですね、『純粋理性批判』の中では。そこでは出られなくて、次に書いた『実践理性批判』の中で、人間が自由意志によって道徳法則に従う時だけ出られる、ということになるんですね。これは、ある意味、よくできた、素晴らしい話だとは思います。

しかし、実存的な出方はそうではありません。実存に戻ることによって、ということになります。道徳とは関係なく、実存に戻ることで映画の外に出られるんですね。この話はもちろん今ここでやっている話と関係してますし、道徳法則の話の方は「慈悲の瞑想」の話と関係してきます。カントの道徳法則による出方は、「慈悲の瞑想」が有効だという話と実は繋がっているんですね。でも、もっと本質的な出方は、単なる実存としての私というものに戻れる、というやり方だと思います。

藤田　この「前反省的」の「前」というのは、時間的な前という意味なんでしょうか、それともロジカルな前という意味なんでしょうか。

永井　これは、「非反省的自己意識」と言う場合もありますから、「反省的でない」という意味で反省が働く前ということになります。反省的自己意識が働くと、「映画」が始まっちゃうわけですね。始まる前にそれを止める。止めるというと、ヴィパッサナー瞑想じゃなくなってしまいますか。止めるんじゃなくて、とらえる。働く前にそれをとらえるんですね。

藤田　サルトル自身は、それをとらえるための修行とかについて語っているわけじゃないですよね。それは、彼が頭の中で考えて、ロジカルに言えばそういうものがあるはずだと言っているんですか？

永井　あると、本当はあると言っているんです。実はいつもあるんだと、隠れているけど。そのところからいろいろ実存主義的な話を始めるわけです。

藤田　さっきの「無心のマインドフルネス」の議論に持ってくると、役に立ちそうなコンセプトに聞こえるんですけど。

永井　前反省的自己意識を「無心」であるという言い方ができますね。

ちなみに、配布したプリントで「アブラハム的一神教」という話が出てきているので、これにも簡単に触れておきます。そこには中田考さんと私とのツイッターでのやり取りが載ってるのですが、そこで中田さんは「神の顕現の場」ということを言われています。最初にお話したような意味で、なぜか一人だけ特殊なあり方をしたやつがいるということは、そこに神の顕現の場があることなのだ、と中田さんはおっしゃるのです。神がそこに顕現しているのだ、と。これまで述べてきたような意味での〈私〉の存在を神の顕現だと考えて、その意味での〈私〉は神と世界の接点なのだ、と言っておられる。そうすると、そこに書いてあるような意味で、ユダヤ教もキリスト教もイスラム教も仏教もヒンドゥー教も全部繋がりますよ、ということになるわけです。

藤田　イスラム教系の人も、永井さんの〈私〉の議論に注目してて、何とかそっちに引っ張っていきたいということなんですね。永井哲学人気沸騰中という感じですよね（笑）。

永井　それぞれの中で、異端の人が注目するのでは？（笑）。

藤田　まあ、本人たち自身は異端だとは思っていないと思いますが。

山下　私も異端ではなくて、真の本流と密かに思っています！（笑）

永井さんのプリントの文章から少し引用します。（『存在と時間　哲学探究1』の第六章一〇六頁にでてきます。）

すなわち、中田氏の言われる「〈私〉の唯一性とは神の唯一性の顕現に他ならず、〈私〉は神と世界の接点であり、……」という点である。中田氏が最後に提示する「アブラハム的」な、つまり事象内容を持った「信仰」を度外視するなら、これは私がここで論じてきた現実性という存在論的事実を「神」という伝統的形象を使って表現した発言であることになる。そう取ることができるならば、先に述べた仏教的な気づき（サティ）が成立する場とアブラハム的一神教における神の顕現の場とは一致する。ヴィパッサナーとは、この神の顕現の場に立って、人工的加工によって神が隠されている場を観ることである、ということになる。仏教・ヒンドゥー教もアブラハム的一神教もその根源は同一であることになるだろう。

とありますけど、誤読するひとがいるかもしれないので、確かめておきますが、この「人工的加工」というのは、「人工的加工によって、観る」のではなくて、「人工的加工があるから神さまが隠されている」という意味でいいわけですか？

永井　そうです。

山下　人工的加工があるから神さまが見えなくなっていて、その人工的加工を落とすことで神さまが現れてくる。だから、人工的加工というのが、先ほどから言われている物理的世界を構成するものなんですね。

永井　そうです。全て私が言いたいことを言われてしまいました（笑）。

藤田　良道さん的には、瞑想とはこの「人工的加工」というのを解体していくということですか。

山下　人工的加工というのは、私の表現だとプロジェクターからスクリーンに映像が映写され、しかもそれをリアルだと信じ込むことです。スクリーンには「映画」が出現し、それを観ている観客はその「映画」を、永井さんがいわれる「本質」のない光の群れにすぎないことを忘れて、リアルな現実だと思い込んでしまいます。だから「実在的連関を構成する」、というのはスクリーン上に「映画」を作るだけではなくそれをリアルだと、信じ込むところまで含むでしょう。その「映画＝リアル」の思い込みから出ることが「前反省的意識」ということでしょう。まとめると、プロジェクターから映写されたものがスクリーンに映し出され、「映画」が出現する。我々はそれをリアルな現実だと思い込む。その「映画＝リアルな現実」という錯誤が終わった空間、初めてそこに神さまが現れる。そして、その「映画」をリアルだと信じるのではなくて、それは「映画」に過ぎないと観ることが「気づき」です。

藤田　「映画」をやめろと言っているわけではないんですね。「映画」を「映画」だと気づくところにポイントがあるんですね。

山下　我々はいま客観的には映画館の座席に座っているわけだけど、我々のこころは、スクリーンの世界のなかに入っていますね。自分がいるのは、スクリーンのなかの場所ではなくて、本当は映画館のなか。「ここは映画館のなかだよね」と気づくのが大事であって、この「映画」にだまされちゃうのが「私」なんです。

瞑想の主体とはなにか

藤田　さて、今までの議論はまだウォーミングアップと言うか料理で言えばまだほんの前菜で、これからいよいよメインディッシュに入ります（笑）。それで、メインディッシュのテーマは何かと言いますと、「瞑想の主体」ということです。今までは話題を提供する意味で話されたと思いますが、僕もさっき六祖の話のところで言いましたけど、たとえば自由というものを考えた場合、２・０的に言えば、「私」が自由になるためにはどうすればいいのかという問題設定ですね。ですから、目指しているのは「私の自由」です。３・０になると、私と自由という項目はあるんですけど、繋ぎ方が変わってきて、「私からの自由」になります。あるいは、「私というとらわれからの自由」ということでもいいでしょうね。というふうに、項目としては私と自由はあるのですが、２・０と３・０とでは繋ぎ方が全然違ってきているということです。問題の設定の仕方がまるっきり違う。

「私というとらわれからの自由」ということで、どこからヒントを得たかというと、僕にとって3・0的なアプローチの一番の原風景は、道元禅師が『正法眼蔵』「生死」の中で書いている、有名な「ただわが身をも心をも放ちわすれて、仏の家に投げ入れて、仏の方より行われて、それに従いもてゆく」という一節です。その後には「ちからをもいれず、こころをもつひやさずして」つまり、こちらがやるのは従っていくだけ、任せていくだけなので、自分の力もいらないし、自分がああしなきゃ、こうしなきゃ、という心の計らいもいらない。それがそのまま、生死を越えて仏になっている状態ですよ、というふうに書かれています。ここで何が言われているのかというと、生死から自由になるためには、私の身心を放り出す、仏の方に投げ入れなきゃいけない、手放すということです。そうすると何が起こるかというと、「反省的自己意識」としては、その活動を放ちわすれて投げ入れていく、明け渡していくので、自分の活動をミニマムにしていくということになりますね。普段は意識的努力を増加させることで成り立っている人間的な生活姿勢を、いったん保留するという方向になります。だから、反省的意識の側からしてみれば、やっていくことを増やしていくのではなくて、どんどん減らしていくということになります。

「仏の家」とか「仏の方」という表現を聞くと縁遠く感じるかもしれないですけど、この場合は、大自然の自ずからなる働きと理解してもいいと思います。ですから、意識としては、受動の方向に近づいていくことになります。反省的自己意識が受動に近づけば近づくほど、からだはそれに反比例して能動的になっていくという関係になっています。身体というか、反省的自己意識以外のものですね。だから、それを前反省的といってもいいし、非反省的といってもいいですが、自己意識以外のものが活動の場を得て、活溌に働き出す。そこで、反省的自己意識といわれているような普段の我々の意識は、それに従っていく。何かが自発的に起こり出すので、それを邪魔しないで起こるままに許していく。何が起きてきてもそのままにしておいて、こちらの都合で勝手に干渉しない。普段はそういう干渉を当たり前のようにやっちゃっているんですね。この方がいいだろう、あの方がいいだろうと考えて、うまくできたかできないかを見て、もしできなかったらもっと工夫してうまくやるようにする、というふうに。ですから、やるべき仕事はどんどん増えていきます。どうしたって忙しくなる。しかし、ここで道元さんが言っているのは、そういう人間的活動を一切止めて、一時的に差し控えていくということです。

それを具体的に純粋にやっているのが坐禅だと思います。そして、あの姿勢がそれを可能にしてくれている。そこで、そういう状態でいったい何が起きているのかを、「証人として目撃する」(witness)。そのことで、普段のあり方が相対化される。永井さんは坐禅しても何にもならないと言うけれど、ちゃんとやったらやったなりに、坐禅の中で目撃したことが、日常生活や普段の意識にじわじわと染み込んで反映してくると、僕は思っています。そんなにパッと劇的には変わらないけど、乾いていたスポンジを霧の中に置いておくと知らないうちに水を吸ってびしょびしょになっているように、知らないうちに変わっていくということが起きていくと僕は思っています。道元さんが坐禅すると自然に好くなると言っているように。

ですので、「瞑想の主体は何か」ということに関して言うと、私なんですけど、普段の私ではない。「坐禅の時は、坐禅の我にてこそあれ、日来の我にてはなきなり」と古人も言っていますからね。普段の私が何もかもをやっているわけではない。でも、そういう普段の私もちゃんとそこで慎ましく果たすべき役割はあるので、まあ、私というほかないですね。身も心も投げ入れて、あとは任せるという消極的な役割を誠実にやらなければならない。そういう事態を記述するには、いろいろなレヴェルの私を使い分けないといけないでしょう。

でも明らかに坐禅の主体は、普段の私ではない。普段の私は、スイッチを完全にオフにするわけではないけれど、普段働かせているプログラムとは違うプログラムに従って働いているというしかないですね。普段は向こうに投げ入れるのではなくて、こっちにぐいぐい引き寄せるような仕方でガンガン働いているので、それは、ガラリと変わっていなければいけない。そして、それを変えようと思っても、意識の力だけではできないので、ああいう具体的な坐禅の形が伝わっているということです。たぶんそれに慣れてくれば、坐禅以外ではできないということではなくて、汎化と言いますか、坐禅以外の時でもそれに近い状態になっているというような一般化が起きるのではないかと僕は思っています。でも、それが一番純粋にできる標準形として坐禅が我々に伝えられているのは、非常にありがたいことですね。

山下　私は、「瞑想の主体」について書く時、必ず「ピーカンの青空」という喩えを使ってきました。一照さんと対談した『アップデートする仏教』や単著の『青空としてのわたし』のなかでも、使っています。ただ「ピーカンの青空」だけだと伝えきれないものがあるなと感じてきましたが、今日の永井さんの議論とつなげると、より正確に深く理解してもらえると思うので、その線で説明していきます。

今日はこの部屋のなかに、たくさん来ていらっしゃいますが、仮に百人の人がいるとしますね。それでその中の百分の一が山下良道という人間だと普通思っていますね。そして百分の一である山下良道が、自分の前にいる皆さんを観察している。これが普通の世界観ですよね。非常に大雑把ですが、普通にそう思っているわけです。だから、今まで気づくというのはどういうことかと言うと、「百分の一の私」が「百分の九十九の皆さん」を見ている、ということが気づくということでした。

それが、テーラワーダの瞑想の中では、「気づきの対象」がもっと本当に細かくなります。私がやった「パオ瞑想メソッド」のなかでは、とんでもないくらい細かくなっていきます。理科の実験室で、顕微鏡をのぞいているような、というたとえがよく使われます。そして、とんでもなく細かい対象に気づくためには、それに相応しい集中力と気づきの力が必要だね、だからそれを徹底的に養おうよという流れになっていきます。

気づきの対象がとんでもなく細かくなると、ものすごく高度な瞑想をやっているんじゃないの、と思うかもしれません。でも、どうも全然そうじゃないんですよ。そうじゃなくて、結局、なんていうか形式というか仕組みというかは同じです。私が何かを見ている。その見ているものは、普通は見えないルーパカラーパ（色聚）とか、チェターシカ（心所）が一秒の何十分の一の瞬間に生滅するのを観るとか、ものすごいことをしているように思えるんですけど、でもやっぱり形式は同じなんです。結局そんなことをやっていると、最後はどうなっていくかというと、部屋がエンプティー（空）になるんですよ。誰もいなくなる。その時、山下良道もいなくなるんですよ。山下良道もいなくなるし、皆さんもいなくなる。そういうエンプティーな部屋が出現します。これは瞑想メソッドの階段を登っていって、最終段階として、誰にでも経験できます。

なのに、この空なる部屋そのものは見えるんです。だけどそれは当たり前で、さっきの永井さん的に言えば、本質が消えて、人工的加工が消えて、空なる実存だけが見えてきたということですね。なぜそんなものが見えてしまうかというと、この私というのは百分の一の私ではないから。そして、いま私だけ僧衣姿で変な格好をしていますけど、私が変な格好をしているとかは一切関係なくして、私というのは、そういう私を超えた存在なのですね。

ということはどういうことかと言うと、瞑想する主体というのは、百分の一の山下良道ではなかったということ。それはいつからかというと、何も瞑想メソッドの最終段階になって、初めてそうなったのではなくて、最初からなんです。ピーカンの青空になってからではなくてね。ピーカンになって、こういう部屋がエンプティーになって初めてその時にはっきりしたんだけれども、実は、瞑想メソッドの最初の段階で行う呼吸瞑想でも、百分の一の山下良道が、呼吸を見ているわけではなかったということなんですよ。だから最終段階で瞑想の主体というものが、いきなりがらりと変わったということではなくて、実はその時になって初めて正体を現したっていうことです。

そしたらその空間のなかでも、私は「百分の一の山下良道」としても存在するから、その空間のなかの良いもの、悪いものに対する、好きだの嫌いだのという煩悩が自然と起こってくるけれども、もういまは関係ないじゃないですか。私というのは、もうその空間そのものなんだから。それで、永井さんの言われる「実在的連関を構成」されたというのは、私の言葉では「映画の世界」が出現したということですが、そういう映画の世界が構成される前に、その部屋が完全にエンプティーになっている時に、私の「実存」が現れてくるということです。

「青空としてのわたし」が本の題名になるほど、いまの私のキャッチフレーズになっていますが、「山下さん、私なるものを認めるんですか。そうしたら仏教の基本的教えである無我じゃないじゃないですか」とか、そういうことをふっかけてくる人が時々いるんですけど（苦笑）、そんなレヴェルの話では全然ないということが、今の一連の流れから分かっていただけたんじゃないかと思います。

藤田　「青空としてのわたし」というのは、修行の果てに獲得したり到達するようなものではなくて、修行しようがしまいが、実際に今ここで起きている。僕らがいろいろなことに気がついていくということも、そこではじめて可能になっているということですか？

山下　そうですね。実際に最初からそうなんだけれども、自分は百分の一の山下良道であると思ってきたので、「青空としてのわたし」が見えなかった、だから、全てが錯覚だったんですよ。

藤田　錯覚というのは、実際に起きていることを間違えて整理して理解していると、そういう意味ですね。

山下　そうです。それで、そういうふうに自分のことを根本的に誤解してずっと世間を生きてきたわけですよ。誤解に基づいて生きるのだから、当然苦しくなる。それで生きるのに行き詰まって、瞑想センターに来たわけですよ。あるいは禅寺に来たわけですね。だけども、ヴィパッサナーも坐禅も、同じ文脈で我々はやってしまった、ということです。それが結局上手くいかなかった根本原因である。

藤田　そういうことをちゃんと整理してから、例えば永井さんの本を読んでよく理解してから、坐禅に来た方がよかったという話ですね（笑）。事前準備が充分ではなかった。

山下　一照さんはさっきから頭の中の整理と言うけれども、私の法話を聞いてきた人なら分かりますが、私もずっと世界観の話しかしていないんです。具体的な瞑想のメソッドの方はあまり話していなくてね。というのは、世界観が変わらなかったら、瞑想しても何にもならない。というか、そもそも瞑想にはならない。世界観さえ変われば、後はどんなテクニックを使ってもかまわないからです。

藤田　それは、呼吸を見るとか、特定の感覚に注意を向けるといった具体的な瞑想のやり方とは別な問題として、まずは世界観を変える必要性があるということを言っているんですか？　瞑想実践以前の話。

山下　というか、私としては、世界観を変えることの話をたっぷりして、そこでちょっとでもヒントを得てもらった後で、じゃあ、呼吸を見ましょうね、体の感覚を見ましょうね、と瞑想に入って行きます。そうすると、絶対に今までの私のままで体の感覚を見ることにはならない。

藤田　新しい世界観の中で呼吸が見られる、ということですね。今までとは違うモードで体験が起きるようになるというか……。

山下　そんなにすぐには変わりません。世界観を変えるということはそんなに簡単ではない。だからこそ、この話を何度も何度もしなければいけない。それはやはり刷り込むしかないですね。

藤田　思索と実践の往復をくり返しくり返ししながら、そのことを再確認していく。

山下　そうです。それで、この世界観が変わるということに関しては、仏教2・0のインストラクションを聞いた人はたくさんいると思いますけど、聞いたことがないでしょ、そんな話は。だから私がいま、世界観を変えて、変えて、と口を酸っぱくして言っているんですね。

藤田　坐禅の基本的手引き書と言われている道元禅師の『普勧坐禅儀』は、最初からいきなり「はい、じゃあ脚を組んで坐禅しなさい」という実践の話から始まるのではなくて、「たずぬるにそれ、道本円通、争か修証を仮らん」と始まっていますよね。「たずぬるにそれ」というのは「そもそもの原点に返ってみれば」という意味で、そこを押さえてから初めて坐禅が始まる。今、良道さんが言っている世界観とか前提に関わっている問題です。常識的には、われわれの現状には何か欠けているものがあるからそれを補うためにこれから修行しなきゃいけないという前提でスタートするわけですけど、坐禅は実はそうではない、ということです。全てがまどかに完全にそなわっていて、何の妨げもなく道が自在に流通している、そこから坐禅が出発している。それをちゃんと踏まえた上で、この完全な道の働きをどうやって自分の身心に生き生きとエンボディー（血肉化）していくか、体現していくかというところに、坐禅が位置づけられている。常識とは前提からしてまったく違っているんです。

でも、たいていの場合は、そんな常識的直観にそぐわないことは説明も理解も難しいからほとんどタッチしないまま不問に付して、「はい、坐禅会を始めます。さあ、作法に従ってまず脚を組みましょう。……」と始まってしまう。世界観というかそもそもの前提が全然変わらないままで坐禅をやってしまうから、「あーあ、脚が痛いなあ、眠いなあ、退屈だなあ」といったリアクションに対しても、指導者が「そんなことじゃだめだ。まだまだ修行が足りない。もっとしっかり坐りなさい」と応える程度のレベルにとどまっている。多くの場合、そんなことが起きているんじゃないかと思います。常識的な前提で坐禅をすると常識的なことしか見えないので、「道本円通」なんてことが単なるおとぎ話になってしまっているんじゃないですかね。

山下　仏教1・0がこれまでずっと主張してきたことは、世界観としては正しいわけなんですよ。そうなんだけれども、それを実感する方法って、私や一照さんが一番知っているように、何を見てもなかったじゃないですか。だからそこが物足りなくて多くのひとが、2・0に行っちゃったわけですね。ここ十数年。普勧坐禅儀の一番最初にある「道本円通」というのはどういう意味かというと、道というのはもともと完璧であるということですね。それは当たり前ですよね。私というのは、百分の一の山下良道ではなくて、このエンプティーな部屋そのものなんだ。だから完璧であり、どこにでも通じている。それを「道本円通」と表現したわけです。いままで言葉としてはあったけど、実感できなかったことを、ようやく3・0になって、本当に実感できるようになったということですね。1・0と3・0は世界観は同じです。だけど、1・0はそれが実感できない。私も長い間、1・0の人間だったから、それが痛みとして分かるんです。3・0になってそれが実感できたということです。私が、1・0の時代に持っていた世界観、だけど全然実感できなかった世界観が、3・0になってようやく実感できたということですね。

藤田　2・0の違和感を通して、というプロセスを経てですね。

山下　そうです。

仏教をアップデートするために

永井　私が仏教3・0に賛同しても、別に何も驚くべきことでもないし、まあ「お好きなように」というようなことでしょうけど、お二人が私の哲学に賛同するとしたら、これはちょっと驚くべきことで、問題含みではないかと思います。なぜかというと、私が言っていることは、通常は独我論的にとらえられるわけです。それで、独我論というのは無我論とは正反対の考え方だと普通は考えられています。私は実はそうは思っていなくて、独我論と無我論は同じものだと思っていますけど、これは特殊な解釈なんで、普通は私が言っているような独我論的な世界解釈こそが否定されなきゃいけないんだ、と考える方が仏教的だと考えられているではないかと思います。たとえ正しいかどうかは分からないけれど、常識的にパッとそう思うんじゃないかと思います。たとえば仏教にものすごく詳しい評論家の宮崎哲弥さんも、『知的唯仏論』という、呉智英さんと一緒に出された本の中で、いったん「比類なき私」というものを提示しておいて、それは大事なんだけれども、それをさらに否定するところこそが仏教のいちばんすごいところなんだ、というふうにおっしゃっている。宮崎さんは色々なところでそれと同じ趣旨のことをおっしゃっていると思います。

私の考えはそうじゃなくて、宮崎氏のおっしゃる意味と同じかどうかは分かりませんが、少なくとも私の意味での「比類なき私」と、仏教が言っている無我は同じことなんだ、つまりそれを否定するプロセスはいらないんだ、ということになります。そうすると、宮崎さんがおっしゃっていることとある意味では真逆になります。それなのに、お二人が私に賛成してしまってよいのか、と。今日は、私的には、そのことをお伺いに来たんです。

山下　皆さんがいまの永井さんの話を聞いていると、私と永井さんは運命共同体のようにみえるのでは。宮崎哲弥さんによると、「比類なき私」を超えて「無我」がある。永井さんは、「比類なき私」そのものが、既に「無我」である。「比類なき私」は、私の言葉では「青空としてのわたし」ですね。だから、さっきも言ったけど、「青空としてのわたし」と主張すると、それは「私」を認めたことになり、「無我」を否定したことになるのではという、そんな批判を浴びているのです。

そういう意味では、この問題は私にとっては非常に本質的です。まあ、そうなんだけれども、私も「無我」というのは、百分の一の山下良道というのはいない、中味は空っぽ、というふうにとっています。無我である、エンプティーになった部屋そのものが、「青空としてのわたし」というふうに思っています。だから、まったく構造的には永井さんと同じですね。なので、私のこの「わたし」というのは、この意味での「わたし」ですから、これを仏教でいう「我」と一緒にしてもらってはちょっと困る。いやかなり困ります（笑）。

藤田　僕は、仏教とは関係ないところで、永井さんが書いていることが面白かったので、ずっと読んでいました。僕は仏教を、大学の授業とかの形ではなくて、師匠のアドヴァイスを受けながらまあ、いわば独学で勉強してきました。もともとは哲学がしたくて大学に入ったものですから、ほんとうに哲学している人を捜してたんですね。有名な哲学者の注釈とか哲学書の翻訳とかではなくて、哲学という営みそのものをやっている人を捜していました。そこでまず見つけたのが大森荘蔵先生で、僕が学生の時にはまだ駒場で現役で教えておられました。その流れで次に永井さんの本と出会ったわけですね。それで、読んでいくうちに、永井さんが哲学しているときの観点って、仏教にはないな、ということを先ず思いました。そしてこの観点を入れたら、仏教はもっと立体的なものになるのではないか、と直感しました。その観点というのは一言で言うと、「比類なき私」ということです。「私」と〈私〉の厳密な区別ですね。永井さんの〈私〉をめぐる哲学の議論を、仏教の教理の中に注入できないものだろうかということで、最初は単なる僕個人の妄想でしかなかったわけです。その頃は永井さんが仏教に関心を持っているなどということはまったく想像していなかったんですが、ある時から永井さんが仏教にかかわるような発言を公にしだしたので、われわれ二人が出会ったのはある意味必然だったのではないかと、今の僕は勝手に思っています。そしてその必然の出会いが展開して今日の鼎談になっているのだと思っています。

永井さんの哲学的な議論を仏教の中に持ち込んだら、仏教がもっと飛躍的にアップデートするんではないかと僕は思っているので、なるべく永井さんが仏教を嫌いにならないように、仏教が飽きられないように、慎重にことを運びたいと思っています（笑）。

「仏教」vs「永井哲学」がどういう形になるか、僕もまだはっきりした構想は描けていませんけど、すごく面白いものになりそうだ、という感じはしています。『哲おじさんと学くん』の後書きのところに、こういうことが書いてありましたね。「仏教の無我の教説がそもそもこの問題を知らないために、見当はずれなものになっていることに触れ」、これは読者の方の意見ですね、「そこから世界が開けている唯一の原点」、つまりこれは「比類なき私」のことですが、「の発見、疑問、自覚なくしていっしょに前に進めません」、というような意見が読者から来た、ということが後書きのところに書かれていて、その人のことを引用しているところで、「仏陀のみならず、キリストも、もちろんナーガールジュナもアウグスティヌスも道元もキェルケゴールも……、この種の賢人たちの誰一人としてこの問題の存在をはっきりと把握して明晰に提示してはいない」と書かれています。僕もその通りだと思います。こういう切り口で議論を進めているのは、永井さん以外に僕は知りません。一番シャープにしつこく、議論をここまでやるかっていうくらいやっているのは永井さんだけでしょう。この議論を入れたら仏教はきっともっと面白くなる、と思っていたので、永井さんが仏教の方に近寄って来てくれてとても嬉しい、ということです。答えにはなっていないかもしれませんが（笑）。

山下　それと、私と一照さんの共通の師匠である内山興正老師（曹洞宗の僧侶、一九一二〜一九九八）に興味を持たれたのも、同じ匂いがしたということですか。

永井　そうです。全くそうです。

山下　私と一照さんももちろん、まあその孫弟子なんで、内山老師と同じ匂いということなのかなど。

藤田　内山老師は早稲田大学で西洋哲学を学ばれてから澤木興道老師のもとで出家された人ですが、「自己ぎりの自己」とか、「今ぎりの今」とかいうことを言われていて、それと「比類なき私」と「比類なき今」というのは、意味はもしかすると必ずしも百パーセント合致していないのかもしれないけど、内山老師の目線はそういうところにあったと思うので、その点では内山老師と永井さんは相当近いところに来ていると僕は思っています。

永井　私もそう思います。

山下　そうなったらもちろん、先ほど引用した文章どおり、この最後のアブラハム的なところで、ヴィパッサナーの場所が、一神教でいう神さまが現れてくる場所であるとなったらですね、なんだかすごいことに発展しませんか。

私、三、四日前にキリスト教の人と青空の瞑想会をやったばかりです。その黙想会のなかでは仏教のことしか話せなかったんだけれども。私と一照さんは内山老師の孫弟子なのですが、内山老師というかたは、弟子達に聖書を読めよと勧めていたのです。私は聖書を読むどころか、カトリックの本場のイタリアまで派遣されちゃって。そこでカトリックの人たちと対話するためでした。その時（一九九一年）は、条件が整わずあまり上手くいかなかったんだけれど、また二十数年後に復活しました。カトリックとの対話が。そういうことがあるのですが、ヴィパッサナーをする場所が、神が顕現する場所なんて、仏教が本質的に一神教と繋がってしまって、すごいエキサイティングなことが、ここから出て来るのですよね。

藤田　フェイスブックで、青空の黙想会のことは知っていたんですけど、どうだったんですか？「異教徒よ、去れ」とか言われなかったですか？（笑）

山下　誰に？（笑）　仏教側に？　カトリック側に？

藤田　いやあ、キリスト教の中に紛れ込んでいろいろやってるみたいだから、ちょっと心配になってね（笑）。

山下　ないない（笑）。

藤田　バリバリの神父さんやシスターもあなたといっしょに瞑想されてたみたいだけど、彼らはどういう反応だったんですか？

山下　私のパートナーの松田清四朗神父というかたは、私のフェイスブックを見ている人ならご存じのように、本当に今年の春から『アップデートする仏教』の写真を載せてくれて、感想を何回も書かれて、本当に我々を熱烈に支持してくれています。

藤田　松田さんはバリバリの神父さんなんですよね？

山下　そうです。もう四十年くらいなさっている。アメリカのマサチューセッツの大学に留学されて、上智で勉強されて、もうカトリックのど真ん中を歩いてきた方です。

藤田　松田神父は瞑想もやっている人ですよね？

山下　ええ。それで、フランチェスコ会の人です。ヴィパッサナーの場所であると同時に、神さまの顕現する場所に立たない限り、祈りの言葉が本当にはならない、とおっしゃっています。この場所を知らなかったので、四十年も自分はむだな祈りをしてきてしまった、とまで言い切ってて、大丈夫かな、と私が思うくらいなんだけれども。

その方は、何年か前に肺がんになって、それで生死の境をさまよったのですが、完全に病を克服して、復帰されました。そういう経験をされたので、カトリック教団からのプレッシャーよりか、生きて死ぬ私として本当のことを知りたい、というほうが圧倒的に強くなって。それで、祈りが本当に祈りになるためには、「この場所」に立たない限り祈りにならない。そうじゃないと、死んでいく時に本当の意味での救いにならない、という覚悟ができているんじゃないか、と思います。

藤田　今の議論は、ここには念仏行者の方もおられると思うんですけど、念仏を誰がどの場所で唱えるのか、ということとも関係してきますよね。事情はたぶん武術や芸道でも同じかもしれない。だからあらゆる現場で同じような事情というか、困難とその打開の可能性というのがあり得るんじゃないかと思います。僕らの場合は、仏教の坐禅とか瞑想ということでその問題に辿り着いて、そこを現場として考えているわけだけど、それはもっと一般化できるようなものになっているんだと思いますけどね。だから、瞑想系の仏教だけじゃなくて、そうじゃないところでもここでの議論は繋げていけるし、もっと離れてキリスト教とか、イスラム教といった他の宗教でもたぶん同じ問題があるんじゃないかと僕は思っています。

「慈悲の瞑想」について

藤田　ここでちょっと話を変えて、永井さんに二つ質問をしてもらって、それに答える形でディスカッションをしたいと思います。

永井　一つは、「無心のマインドフルネス」という話がありましたよね。マインドフルネスというのは要するに、簡単に言うと、ブッダが、人間が放逸状態にあるというか、良道さんの言葉で言うと「映画」を見ている状態にある、ということに気づいて、そこから出る方法を編み出したんだと思うんですね、最初に。

藤田　今言われた放逸状態というのはどういう状態ですか？

永井　「映画」を見て、それを信じ込んじゃっているというか、中に入っちゃっている状態のことです。

藤田　それをどうして放逸って言うわけですか？　放逸とは日常的には、自分勝手なことをしている状態のことを言うわけですよね？

山下　それは、マインドフルな状態から外れるからじゃないですか？

藤田　マインドフルでないという状態、ということが放逸状態という言葉で言いたいということですか？

永井　まあ、そういうことでいいと思います。それで、ブッダは「映画」から脱する方法を教えたわけだけど、結局2・0というのは、これを継承したわけですが、1・0の方は本来は脱しているとだけ言う。両者にバラバラになっちゃったのを結合するというのが3・0だと言っていいわけですね。

藤田　はい、そうです。本来脱しているという立場から、映画から脱する方法を提案するという結合の仕方ですね。

永井　そうすると、3・0というのは、実は歴史的には新しいわけですね。ブッダはそういう考え方だったかもしれないけど。今まではなかったということですか？

藤田　そこまで言ってしまうと問題かもしれませんが、ブッダには隠れた形で3・0の萌芽があったと思うんです。それを明示的に取り出すということです。

永井　実はあった、ということですかね。実はみんな3・0だったんだけど、言葉としては、理論としては、そうとらえていなかった、というか。本当はみんな3・0の実践をしていたのかな？

藤田　ブッダに聞いたわけじゃないので分かりませんけれども、僕らは信仰としてはそう思っているということです。出発点は3・0にあったんだけど、時代を経るにしたがって、立場的に1・0になったり、2・0になったりという変遷があった。そしてまた3・0に還そうとする人たちが出て来て、というのが仏教の歴史だった、というふうに見ています。

永井　何で二つに分かれちゃったのかということが興味深いところで。というのは、分かれちゃうことが当然なんじゃないか、という心配があるわけです。結びつけるのは難しいんじゃないですか。
藤田　難しいです。
永井　そうでしょう。だって、「青空」という言葉を使うと、「青空」に本当になっちゃうと、「雲」がない。なかったら、気づくべきものがないわけであって、「青空」になるだけでいいじゃないかと。ヴィパッサナーとかサティというものが要らなくて、「青空」に成りきるだけでよくて、気づきの方向が要らなくなる。逆は逆で、「青空」が要らなくて、「雲」みたいなのを気づくだけで、気づくとどうなるか分からないですけど、気づいた周りに小さい「青空」ができるじゃないですか。小さいというか、輪郭だけの「青空」ですね。輪郭だけの「青空」をちょっとずつ作っていくと。そうすると次第に全部「青空」になっていく。それはちょっと難しいかもしれないけど、それでも意味はあると思うんですね。その二つに分かれちゃった、というのはありそうなことで、むしろ合体する方が、本来のあり方ではあるかもしれないけれど、大変なんじゃないか、という疑問が一つですね。大変じゃないと私は思いますけど、大変だと思う人がいても不思議ではない、これが第一の疑問です。

第二点は、『アップデートする仏教』の一四九頁から一五二頁くらいに出て来るところで、二人の意見が違うところがあって、それは最初は「慈悲の瞑想」によって出て来るんですよ。慈悲の瞑想は、一照さんはあんまりぴんとこないということですよね。僕は、慈悲の瞑想が非常に興味深いのは、慈悲の瞑想だけが言語を使ってやるんですね。これが面白いんです。何が面白いって、他は言語が要らないっていうか、言語を捨ててやるんだけど、慈悲の瞑想は、言語をいわば逆用するというか、わざと使って、通常のあり方と違う方向に持っていくために逆用して、自他をあえてひっくり返すみたいに、そういう言葉遣いでやりますよね。このやり方は、使っていいのか悪いのかは知らないけど、使えるのは間違いないと思います。

そこが一つのポイントで、この点に関しては、慈悲の瞑想は使っていいんだと思いますけど、もう一つ一照さんがもっと面白いことを言っていて、一五二頁ですね。

藤田　なにせ昔のことなんでもうよく覚えていないですけど（笑）。

永井　一五二頁の真ん中へんで、良道さんが「ダイレクトに慈悲の瞑想でなんとかするしかないん」だとおっしゃっていると、一照さんが、「でも、人間ってそういうことをすべて処理しなきゃいけないものなのかねえ……。抱えながら生きるってことはどうなのかな」と。ここが面白いんですよね。全部処理しなくてもいいんじゃないかって。要するに、いろんな苦ですよね、苦は全部処理しなきゃいけないもんじゃなくて、むしろ抱えながら生きていくのはどうなのかな――「どうなのかな」っていうのはちょっと中途半端ですけど、はっきり言えば、抱えながら生きていくべきなんじゃないか、と。

藤田　あの時は、言うと長くなりそうだったので、「……」の便利さを借りまして、言葉を濁してごまかしました（笑）。

永井　そうすると、良道さんはまたよくて、面白くて、「それはきちんと処理しないと、しんどいですよ」と言ってるんですよ。これもいいんですね。「しんどい」って響きますよね。「しんどいですよ」と言って、そうすると一照さんが、「そこが良道さんと考えが違ってくるところだな」

と言って。それでまた良道さんがこう言っているんですね。「でも、それをしないと本当には幸せにはなれないと思いますよ」。この対話は素晴らしいね。要するに、瞑想、坐禅とは何をするものなのかということについては、お二人に根本的に違うものがあるはずなんですね。それは非常に聞きたいですね。

藤田　いやあ、そこを突かれるというのは考えてみると面白いですね。良道さんは、けっきょく曹洞宗を離れてミャンマーに行ったけど、僕はそういうことをしないで今に至っているということと関係してくるかもしれないですね。良道さんはどうですか？

山下　ご存じのように私らは、安泰寺で一緒に得度して修行して、それからまた三年間アメリカのヴァレー禅堂というところで一緒だったんですよ。その後、私はイタリアを経由して、日本に戻ってきて、日本のお寺のなかで結構苦労したりするうち、一九九五年の春、阪神淡路大震災と地下鉄サリン事件とか起こっちゃったりとか、結構いろんなものに巻き込まれたんですよ。

藤田　僕よりよほど苦労したんだねえ。

山下　（笑）。一照さんはマサチューセッツの森の中で。

藤田　まあ、僕もそれなりには苦労しましたけども（笑）。

山下　（笑）。苦労だけども、普通の生活の中ででしょう。私は、日本のお寺の色々な問題だとか、オウムだとか、もう何とも言えないものが、ちょっといろいろありすぎて、それでどうにもならないところまで追い詰められて、とうとう二一世紀にはいってミャンマーに行ったんだけどね。まあ、そういうことはおいておいて、私としては、一照さんに感じる不思議さというのは、こういうことなんですよ。我々は「心」があるわけですよ。それは、高度な意味の、いわば心理学の分析の対象になるような抽象的な「心」ではなくて、もっと生々しい我々のこの「心」ですね。私はそれを、ダイレクトに何とかしたいという思いがあるわけです。一照さんは、不思議議とそれをしないでしょう？

藤田　ああ、それはしなくてもなんとか生きられるし（笑）。だって、それは僕の実存ではないですから。心の状態っていうのはお天気みたいなものだと思っているので、僕は。お天気を変えようっていうので、人工的に何かを空に飛ばしてどうにかしようとしなくてもいいんではないか。お天気なんだから当然のこととして晴れの日もあれば雨の日もある、大嵐の日もあるっていうふうに僕は今思ってます。それに注文を言い出したらきりがない。天気は刻々に変わるものだと思っているので、こっちでなんとかしようとするよりも自然に変わるのを待っている。

それで、お天気が自分だと思ってしまったら、それをなんとかしなきゃっていうことで、すったもんだをやってしまうわけだけど、僕はあんまりそういうことをしても仕様がないと思ってて、お天気はお天気に任せて放っておけばいい、天気のしたいようにしておけばいい。基本的にはそういう態度ですね。もちろん、こっちでもちょっとくらいは何かしますよ。でも、良道さんのようにメソッドとして「慈悲の瞑想」みたいなことをわざわざやったりはしない。それはちょっと手を出し過ぎじゃないかなって、僕には思えるんですよね。だから良道さんはだめだとはもちろん言わないけれど。僕とあなたとではそういうことへの必要度が違うんでしょうね。

山下　一照さん的には、私は手を出し過ぎだし、私から言えば、一照さんは手を出さなさ過ぎっていうところがあって（笑）。確かに、「慈悲の瞑想」はご存じのように、ある意味非常に人工的なんですよ。「私が幸せでありますように」とか、「私が嫌いな人が幸せでありますように」とかね。非常に人工的で、曹洞宗的な感覚からすると、ちょっとこれはって感じるのはわかるんだけど、やった人なら分かるように、非常に効果があるんですよ。実際の問題として。

藤田　効果は否定しないです。僕にすらちょっとは効果がありましたからね（笑）。だけど、効果があるからいい、効果がないからいけない、という意味ではなく、効果があるから逆にいけないって僕は思っています。そういうことをガイドされてやること自体、僕はちょっと疑問を感じているんですよ。僕らが人を傷つけたり自分を傷つけたりするような感情の波風を、そのまま放っといていいという意味ではないんですけれども、僕は別のアプローチの仕方があるんじゃないかな、と思っています。ちょっと言いすぎかもしれないけど、そういう意味では、良道さんの中に2・0の残滓のようなものが見えなくもない。

山下　私には1・0に対する非常に激しい反動があって、だからこそミャンマーまで行ったんだけれども。その1・0に対する反動というか反発というのは、つまりそこに全然手をつけないじゃないですか、1・0は。そのあたりに対する反発かな。

藤田　確かに1・0では、そういうことは個人のプライベートな問題だから、修行としては扱わないとか言うことが多いんですよね。そういう感情の波風みたいなことは修行に持ち込んじゃいけないって、相手にしない。

山下　そうなのですよ。だけど、この肝腎なところに手をつけないまま只管打坐と言っても、最後になって自分自身の心によってしっぺ返しをくらっちゃうというところがあるでしょう。やはりここはちゃんと見ておかなきゃいけないのでは？

藤田　そこは僕も今言ったように、放っといていいわけがない。只管打坐を何年もやっていても、そこがノータッチの人がいて、そこを突かれておかしくなる場合もあります。セックススキャンダルとか権力のとりこになるとか。長く修行していても個人的な問題が全然ノータッチで人間として何の成長もないような人もいるわけですよね。それは確かに死角になっていたんだと思います。日本の仏教はどちらかというとあんまりそういうことを言わない。仏教はセラピーじゃない、とか言って。でも、アメリカの仏教は逆にセラピー的になり過ぎているのではないか。僕はアメリカであまりにも個人的な心情に傾いた仏教のあり方、修行の名のもとに泣いたり、興奮したりとか、個人的問題とか体験の方に重きを置きすぎる場面をたくさん見てきました。人情にあまりにも関わりすぎている、あまりにもそれを扱い過ぎているところを見てきた。だから、良道さんの場合は、日本の仏教があまりにも個人的な問題を扱わなさ過ぎることへのリアクションで、僕の場合は、アメリカの仏教があまりにも扱い過ぎることへのリアクション、というのがあるのかもしれません。若き日の澤木興道老師もドキリとしたという、丘宗潭老師の「お前一人くらいの一大事くらいどうでもいいじゃないか」という救い方、救われ方もあるんじゃないかと僕は思ってますからね。でもそれだけが独り歩きするのも良くない。

山下　これでいくと別の話題になっちゃうけど、マインドフルネス・ベースド・ストレス・リダクション、マインドフルネス心理療法ですね、この人たちと最近、人間関係を築きつつあるんだけど、まあ、私はほとんどそういうセラピーのすぐ隣りにいるという感じだけど、一照さんはちょっと距離を置いていますよね。

藤田　まあ、良道さんが関係を持っている団体と、僕ははっきりと関わりを持っているわけではないですね。でも、そばにいて斜めから見ているという感じはあります（笑）。そこでいろいろ学ぶことはあります。僕も仏教をやる前には臨床心理学をやっていて、そういう心の問題みたいなものにセラピーという文脈でアプローチするということは、かじる程度でしたけれども学びました。だから、全くタッチしなくていいというのではないんです。

ただ、「慈悲の瞑想」というやり方でやられているあのやり方は、果たして日本人に向いているんだろうか、ということを僕は思うんですよね。だから、僕は個人的な問題にタッチするのに別の形を見つけたいというか、ああいうのではない形で心の問題を扱う。たとえば何かまったくそういうふうには見えないんだけど、あることをやっているうちに気がついたら慈悲が育まれていたことになっている、という、そういう方がいいのではないかと僕は思っているんですね。

僕が抵抗を感じるのは、あらかじめ目的を作って、直接その目的を達成しようとする直接的なアプローチですね。僕が好きなアプローチは、こっちからアグレッシブにつかみに行くのではなくて、結果的に目的としていることが向こうから訪れてくるような条件を作って、それが起こるのを待つという間接的なアプローチなんです。だから、「慈・悲・喜・捨」という四無量心をゲット（手に入れる）することを目的にして、それをメソッド化して「慈・悲・喜・捨」を育てていくという、農業を工業化したような訓練法はあまり好きじゃない。作り出すというよりも、条件を整えることで自然に育ってくるという形で出て来た方が、本当の「慈・悲・喜・捨」なんじゃないかなと僕は思っています。それなら代案を出してみろと言われたら、アイデアがないわけじゃないけど、まだこんなものですと言える段階ではありませんと言うしかないけれども。

まあ「慈悲の瞑想」は、たぶんブッダの頃からあるわけですよね。だから、二五〇〇年以上のタイムテスティッドな（時の試練を経た）方法だから、そのパワーというのは否定しないんだけど、僕としてはちょっと敬遠したいという心情があります。なぜかというと、アメリカであまりに露骨に心情をいじろうとするような光景を見ているからです。そういうものはアメリカには必要だし、オーケーなんだけど、日本の場合はちょっとどうかなと思うんです。

山下　私が2・0のところへ入っていってビックリしたのが、やっぱりこの瞑想は効くな、という素朴な実感がありました。

藤田　良道さんには効いたんだね。

山下　うーん、まあそうですね。実際に、慈悲の瞑想だけではなくて、禅定とか普通はあいまいな意味に使われますが、2・0の特にパオメソッドなどでは、初禅からはじまって、第八禅定の非想非非想処までちゃんと経験できるように用意されています。ああ、こういうお経の本に書いてあることって、本当に存在するんだ、と。その具体的な方法とその結果や効果というのを、私自身が実際に経験したので、これをさっと捨てるわけにはいかなくて。でも、これを2・0の文脈の中でやると、みんなまた苦しんでしまうから。私の場合はこういう非常に具体的なテクニックを3・0的な文脈の中で使っているわけです。まあ、はっきり言っていいとこ取りなんだけれどもね。

藤田　アメリカでも、ヴィパッサナーをやる「一〇日間コース」などに行くと、メッタ、いわゆる「慈悲の瞑想」を必ずやるわけです。それで、何でかなと思ったんですが、ヴィパッサナーというのはありのままをありのままに観察をするので、ある意味非常にクールなわけです。それで、アフェクション、情感的なものが置き去りにされているから、バランスを取るために、そういう形で昔から如実観察と慈悲の瞑想がパッケージになっているのかな、とそういうふうに理解しているんですけど、それでいいですか？

山下　そういうことではないんです。このあたりに関してはチベット仏教の人たちが一番正しいと思うんだけど、あの人たちは鳥の二つの翼というたとえをよく使いますよね。二つの翼がそれぞれ智慧と慈悲を象徴していて、その二つとも必要と考えるわけです。鳥が空を飛ぶためには。ヴィパッサナーは智慧にあたりますね。ではどうしてヴィパッサナー瞑想をするとき、もうひとつの翼である慈悲が必要になってくるかという問題です。それは単にヴィパッサナーがクールになりすぎるから、感情的なことにも配慮してバランスを取ろうということではなくて、ヴィパッサナーが成り立つその根源のところに、慈悲があるからです。

ヴィパッサナーが成り立つ場所、つまり気づきの場所ですね。どこから気づいているかという、この鼎談の中心テーマの一つですが、実はその場所は、慈悲の場所でもある。だから、どこから気づけばいいのかということを探るために、慈悲が一つのポインターになってきます。慈悲がある場所に立てば、そこは正しい気づきの場所でもある。また逆に正しい気づきの場所に立てば、それは慈悲の場所でもあるという。だから、その慈悲と気づきが両方ある「正しい場所」に立った時に初めて、本当に心から慈悲の言葉を言える。そのとき、慈悲の言葉は、人工的でも嘘くさくも偽善にも聞こえない。だから、慈悲の言葉がどういうふうに聞こえるのかというところで、いま自分が立っているところのチェックになる。リトマス試験紙になるという感じですね。

藤田　ドキッというしかないですね（笑）。

永井　慈悲の瞑想の問題もあるけれども、それよりももっと根本的には、そもそも、病気の比喩を使われるじゃないですか。病気を治すという比喩が正しいかどうかという問題ですね。

藤田　僕はそういうたとえはほとんど使わないですね。

永井　ですよね。それで、病気だから治すというのと、そうでない一照さんの坐禅は、じゃあ何をするのか。病気を治すのは分かり易いですよね。心の病気みたいなことで、それを治す。ただ、それで疑問なのは、それならもし瞑想じゃない方法があればそれでもいいのか、ってことなんですね。もしあれば。でも、そうじゃなくて、瞑想、坐禅にはそれ自体に価値があるんだということになると、治すためのものじゃないということになりますよね。

藤田　はい、そうですね。何かを目指してやるものじゃないということです。何かを目指してそれを手に入れるというのは、実在ではなくてこっちの本質の方に関わる問題です。

永井　ただ、逆に言うと、それって何をやっているのか分からないじゃないですか（笑）。

藤田　どっちの味方なんですか（笑）。ぶっちゃけて言うと、坐禅は無為、つまり何もしてないってことになります。人間的にはまったく意味がない。だから只管（ただ）というしかない。それは人間が何かのための手段として考えだしたものではなくて、真理の世界から流れ出してきたものだからです。「法界等流《ほっかいとうる》」という仏教用語はそういう意味です。人間世界のものじゃないということですね。

永井　そこに曖昧なところがあるんですね。これはいったい何をやっているのかについて。病気を治すためのものなのか、それ自体に価値のあるものなのか。

藤田　永井先生は気持ちいいからやっているって、どこかに書いてましたよね。

永井　ええ。でも、さっき言ったように、本当は睡眠がよくとれるようにという治療的目的もありました。誰でも両方あっていいんですか？

藤田　良道さんは病気を治す薬のモデルで考えていますけど、僕はたとえて言うなら、毎日食べる食事のモデルで考えていると言ったらいいかなと思います。東洋医学だと、医食同源と言います。毎日摂る食べ物が薬だからそれ以外に特別な薬は要らないということですよね。いつでしたか、永井さんが「良道さんは劇薬だけど、一照さんは漢方薬だ」って言いましたよね（笑）。当たっていると思います。巧い言い方をするなと思いました。でも、僕は、漢方薬というよりも、医食同源の食事かなあ。食べたいものを食べていたら、知らないうちに治っちゃったという治り方。薬で治すのではない。病気は別にあってもいいんです。病気を健康に到るための過程の一部として見てるわけです。健康だからこそ病気になれる。病気は健康の働きということです。その二つを対立的には見ない。ことさらに治そうとすると病気が実体化されて、いかにも病気が実体的にあるかのように見えてしまうけど、それもいのちの自己調整力の一つの表現にすぎない。いのちの働きが病気という表現をしたり健康という表現をしたりしながら動いているので、それをこっちの都合でなるべく邪魔しないということです。そういう働きがスムーズに発揮できるように日常的に調えていく。それが人間関係の文脈で言えば「慈・悲・喜・捨」というのがその一つの方向性になる。僕のイメージで言うと仏教というのはそういうもので、あまりセラピーとか病気治しということだけで見てはいけないんではないかと思います。それだとやっぱり偏った見方になってしまうから。

ブッダは、「大医王」、キング・オブ・ドクターとも言われているけど、僕はそればかりを言い過ぎるとちょっと違うんじゃないかと思っています。四聖諦《ししょうたい》（苦諦《くたい》・集諦《じったい》・滅諦《めったい》・道諦《どうたい》）は、診断、病因、予後、治療法というように医療モデルでよく説明されるけれど、僕はこれはちょっと押しつけすぎじゃないかと考えています。そうではない、別のモデルでも理解ができるんじゃないかと思うんです。医療というのは健康になったらいらなくなりますからね。健康な人がどう生きるかというそれから後の話ができなくなる。まあ、現実には病気の人が多いから、まだまだ医療モデルの理解で大丈夫だということもありますけどね（笑）。

山下　ご存じのように、私は一照さんと真逆で、病気の比喩とまで言わなくても、ダルマを、薬とか医療として捉えていますね。法話のなかでも始終言ってます。なぜかというと、我々はやはり病気だから（笑）。このあたりの現実認識がやはり違うのかなあ。でも、お医者さんは入院患者を退院するところまでは責任をもっても、退院後はもう関係ないですよね。私は一時的な「入院」にもきちんと責任をもつけど、それ以上に退院後の生活のほうがその何百倍も重要だと思っています。退院後はもう「治療」とか「薬」ではなくて、生活そのものです。再び病気にならないように気を遣いますが。なので、「薬」として使う時期と、一照さんのいう「食べ物」として機能する時期と、この二つがあるのが実際ではないかな。一法庵は、「薬」として必要とする人が多く来ますけど、彼らも最終的には「食事」として摂るようになります。瞑想をね。

私が病気にこだわるのは、やはり「反省的自己意識」を自分だと思ってしまうという。われわれが犯してしまう認識の間違いというのは、単に抽象的なことではなくて、認識の間違いから必ず病的な症状がでてきてしまう。だからその病的な症状が出ているっていうのは、根本的に世界観が間違っているからです。そのあたりが鮮やかに現れるので、私は徹底的にそこにこだわろうと思っています。病気を直すのが最終目的ではなくて、世界観を正しいものにして、正しい世界観のもとで生きて行く、のが目的です。

藤田　根本的な世界観の間違いを、昔から「無明」と言うんですよね。

山下　そうですね。で、世界観が間違っている証拠として、いま我々はパートナーとの関係が上手くいかないわけです。ということは、パートナーと上手くいかない事実を、我々はきちんと見なきゃいけないのはなぜかというと、それは、単に人間関係をよくするという小さな目的のためではないんですよ。パートナーと上手くいかないところに、根本的な世界観の間違いが現れているから、それをひっくり返そうとしているわけです。親と上手くいかないことをきちんと大事にしたいのも同じ。それはなぜかというと、私と親とだけという小さなことではないから。

藤田　なるほど。なんだかうまく説得されたような気がします（笑）。

山下　みんなで「慈悲の瞑想」をやりましょうか（笑）。

「小乗的」か「大乗的」か

藤田　永井さんのもう一つの疑問点は何でしたか？

永井　「青空」の方でいくと、「青空」だけでいけばいいから、サティを入れるとか、そういうことはいらなくならないか。

藤田　なぜ「無心」と「マインドフルネス」が分かれちゃったのかということですか？

山下　なぜ分かれちゃったというよりか、本来なら二つ別のもののはずなのに、なぜくっつけなきゃいけないのかということですよね？

永井　そうそう。どっちかでよくて、1・0と2・0に分かれちゃうのが当然で。やり方が違うわけで、むしろ合体させる方が難しいんではないかと。僕自身はそう思わないんだけど、そう思う人がいてもおかしくないと思います。一方だけの方が分かりやすい。

藤田　僕もそう思いますけど、良道さんの言い方で言えば、「有心」ではマインドフルネスにならない、ということですよね。

永井　さっき言ったように、「雲」の輪郭を見るだけだと「青空」は要らない、というか、「雲」を見ることによって「青空」を作るわけでしょ、2・0的には。

藤田　でも良道さん的には「青空」から「雲」を見るわけですよね。

山下　2・0と3・0では、雲と青空の位置関係がそもそも違うんですよ。

永井　「青空」から「雲」を見るのは3・0で、そうじゃなくて、2・0的には、中に入っちゃっているから「雲」は見えない。それをあえて頑張って見ることによって、見るということは輪郭を作るということなので、「雲」の周りが「青空」になるってことですよね。そういうことをちまちまやっていくっていうのが、2・0的なやり方だと思うんですよね。

藤田　そんなふうに、ちまちまやっていたらきりがないんじゃないですかね。

永井　きりがないけど、そのやり方が一つですよね。もう一つは「青空」の方を増やしていく。「青空」の勢力を拡大していけば、「雲」のことなんか相手にする必要がない。「青空」をでっかくしちゃえば、「青空」で全部覆ってしまえばいいんで、雲なんか見る必要がない。

　その二種類があって、その二種類は違うものであるというのが、1・0と2・0の区別ですね。そうすると、なぜ3・0が重要かということを言わないと、1・0、2・0固有の価値があると言う人がいるでしょうから。

藤田　出ちゃいけないものが出てくるから、モグラ叩きのようにやっていくのは、2・0的です。3・0的というのは、ぴょこぴょこ出ても別にかまわないですよ、という立場です。よーく見ていると、出っぱなしじゃないですよね、そのうち勝手に引っ込みますから。だから、私が叩いて引っ込めたんだぞという手ごたえはそこにはないですよ。もぐら叩きゲームそのものに乗らない。見てると勝手に引っ込んでくれますからね。それにこっちが叩いてやろうと身構えているせいで、向こうが出てくるというカラクリになっているかもしれないし……。

永井　でも、あんまり引っ込まない場合もあるから困るんですよ。

藤田　ああ、そうなんですか。でも辛抱強く待てば引っ込むんじゃないですかね。諸行無常だし、道元さんも「煩悩は煩悩自身のうちに煩悩を乗り越えていく力を持っている」というようなことを言っています。仏教には諸法をその構成要素に分析してその一つ一つを空じていく「析空観《しゃっくうかん》」と「体空観《たいくうかん》」といって、一挙に空と直観するという二つの空観があります。

これを持ってくると、３・０は「体空観」的ですよね。だから、どんなものが出て来ても、それはみんなこの「体空観」で観ているから、一々しらみつぶしに叩く必要がない。一個一個やっていくか、一挙にやるかの違いですけど、大乗の空観はこっちの「体空観」だと思います。

永井　マインドフルネスとかサティというのは、一個一個あるものをよく見る、ということをしなくてもいいんですか？

藤田　いえ、それはやっぱり必要で、体空観でも個々のものをよく観るということはもちろんやりますけど、マインドフルネスにも、「析空観的マインドフルネス」と「体空観的マインドフルネス」があるんじゃないかと思います。こじつけっぽいですけど。

永井　そうすると、２・０の持っていた個々の「雲」を見ていくという要素がかなりなくなって、３・０にはその要素は少ないですか？

藤田　マインドフルネスをどう理解するかで、「大乗的マインドフルネス」と「小乗的マインドフルネス」という違いが出て来るかもしれませんね。一個一個確かめていくような個別的なマインドフルネスとすべてを包むような包摂的なマインドフルネスという感じでしょうか。たぶん前者は初期仏教的で、後者は大乗的だと思います。僕はたとえで、懐中電灯で一個一個照らして個別的に見ていくやり方と、部屋の電気をつけて部屋を明るくしていっぺんに見るやり方という言い方をしています。

山下　「しらみつぶし」か「一挙」かという問題なのだけど、それは対立するのではなくて、同時ですね。どういうことかというと、「一個一個あるものをよく見る」、それはどういう「一個一個」かが問題なのでは。全てが「映画」なんだから、「映画」の中の「一個一個」をわざわざ個別に気づく必要はない。けれども、すぐ「映画」の中に入ってしまう私がいるわけで、そのすぐ「映画」の中に入ってしまう私の心の動きの「一個一個」には、やはりちゃんと気づいていかないといけない。つまり、いちいち気づかなければいけないのは、映画のなかの一つ一つのものではなくて、映画をリアルだと思い込んでしまう自分のこころのうごきですね。それはやはり、丁寧に観なければいけないですよ。これを観ないと、青空はやはり抽象的なものにとどまります。

そうして、気づいた途端に、「映画」の中の問題はすでにないわけです。なぜなら「映画」なんてリアルには存在しないんだから。だけどやっぱり私らは、頭のなかのプロジェクターとスクリーンを使って、一瞬一瞬「映画」を上映して、その「映画」を信じこんでしまう、そういう心の働きというのがあるわけです。この、プロジェクターとスクリーン上の「映画」の構造をいつも見ておく必要はあります。ただ、わざわざこのスクリーン上に映ったこと一つ一つに気づく必要はもちろんありません。

この自らの映画にだまされている自分自身の心を無視しちゃって、いきなり全てが「青空」だから、というのが1・0が落ちた罠だったんだと思うんです。自分の中のもやもやしたものを全部無視しちゃって、自分のことも、パートナーと全然上手くいっていないという事実も無視する。そして最後にどうなるかというと、パートナーから手痛いパンチが来るわけじゃないですか。そういうことだと思うんです。

藤田　あとちょっと思い出したんですけど、慈悲のことですが、最近アメリカでは、「コンパッショネイト・マインドフルネス」という、マインドフルネスと慈悲を合体させたようなものが、プログラムとして出てきているんです。昔ゴリラの研究をしたダイアン・フォッシーという人がいて、映画にもなりましたけど、この人の先生というのがすごい先生で、それまでたくさんの学者がジャングルに行ってゴリラを観察したんだけど、彼らには絶対に見ることができなかったゴリラの生態を見届けた人です。ある人が、「どうして先生は、ゴリラのあんなにも自然な振る舞いを、そんなに親密に観察できたんですか」と聞いたら、その人が何と言ったかというと「私はガン（銃）を持っていなかったから」。これは大事なポイントを突いていて、たぶん今までの人は、ゴリラは凶暴で暴れるからという前提で、始めから身構えてガンを持ちながらジャングルに入って、ゴリラは自然な状態ではどんな生態をしているのかなと観察していた。でもそれでは、自然な状態を観察するなんて無理ですよね。自分たちがそれを乱しているわけですから。

山下　いざとなったら撃つと。

藤田　そうそう。でも、ゴリラはそういう人間の態度がよく分かる。すると、当然それに応じた行動を取る。だけど、この先生は、ゴリラを本当によく知っているからだと思いますけど、もちろんゴリラへの愛情もあるからというのもあると思いますが、銃を持たずに素手でかれらの生息地に入っていった。もちろんすぐにではないと思いますが、しばらく時を過ごすうちに、すぐ傍にいてもゴリラは全然びびらないというか、仲間みたいな親密な関係になっていった。だからゴリラの自然な家族の在り方が観察できたわけです。

この話は、僕らが坐禅や瞑想において呼吸や感情や思考といったものを観察する場合に、大事なメッセージを含んでいるんじゃないかと思います。心もやっぱりゴリラみたいなもので、さっきの調教のようなモデルでこちらの自由になるように仕込んでやろうとしたら、果たして本来の心の観察はできるんだろうかということですね。この先生のように、心を信用してというか、その信用の言い方の一つが、「自性清浄心」といったり、「仏性」といったりするのではないかと思いますが、心は本来的には、光輝く智慧と慈悲のクオリティーはちゃんと備えているので、外側からそれを教え込む必要はないのではないか。ゴリラは、こちらが害意を持っていなかったら攻撃してこないというように、心もこちらの見方に応じて異なった姿を見せるものなんです。だから問題は、心の側から智慧や慈悲が輝きだすような観察の態度をこちら側がどう工夫するかということになります。

たぶん、いろいろな瞑想法がありますけれども、良道さんがいみじくも言ったようにマニュアルや手引書には書いていない、そういう根本のところでの取り組む態度みたいなものが非常に大事です。その態度でもって瞑想の実践をするわけで、そこで何が起きるかというのはこの態度のあり方が決定的な要因になってきます。具体的な実践を云々する以前に、そこを問題にしないといけないんだろうなと思います。ゴリラは凶暴で危険な生き物だというのは、実はゴリラを観察している科学者自身がそうならせているということは充分あり得ますよね。

◎質疑応答

——「前反省的自己意識」、あるいは「青空」ということは、何かに気づく、自覚が伴うということだと思うんですが、しかし、〈私〉とはただあるだけのものということで、何か透明というか、空のような感じがします。そうすると、何かに気づけて、なおかつ何者でもない、というところに自分としては矛盾を感じますので、そこの関係はどうなっているのかなと思います。

山下　どうして矛盾ですか？

——何でもないものと言った時に、それが何かに気づいている、ある内容を映じているということと、何者でもないけれども、ただあることだけが確実である私というもの、そこにやはり差を感じてしまいます。それをどういうふうにとらえるというのか、一つ答えていただければと思います。

もう一つは「自己ぎりの自己」という話の中で、世界が自己のうちにある、そして、出会うこと、経験ぐるみの自己である、ということでした。すると、他者の自己というものが、もしあればですけれど、それは一切触れられない中での自己の世界であるということでしたが、やはり他者の自己ということでは、ある意味では外にあるもの、ということになりはしないか。「自己ぎりの自己」という自己の世界だけで完結しているというけれども、そうではないという側面をどうしても認めなければいけないのではないのかな、と思います。以上の二点にお答えいただければと思います。

山下 最初の質問ですが、まさにそこが、さっきからずっと言っている仏教1・0の「無心」と3・0の「無心のマインドフルネス」というものの違いで、まさに私らは、「無心だったらマインドフルネスも何もあったもんじゃないだろう」という理解だったわけです。ところが、いま非常に不思議な光景が見えてきて、無心なんだけど、同時に気づいている。それは普通の意識からすると非常に矛盾するように聞こえるけれども、これは普通の意識について話しているわけじゃなくて、別の意識と言ったら変だけれども、その話なんです。それを、普通の意識の観点から矛盾と言われても困る、ということしか答えようがないですね。

藤田 「だって見えちゃったんだもん」っていうところですよね。無心だったけど、すべてちゃんと気づけたというか、何にもなく、べた一面に霧が掛かったようなものではなくて、全てが、ヴェールが上がったかのようにくっきり見えたということですよね。言葉や観念の上で矛盾していると言われても、良道さんとしては実体験としてそうだった、と言うしかない。普通の意識では云々できない次元の話だという言い方もできますかね。

山下 実体験としてもそうなんだけれども、だけど問題は、ピーカンな青空になったからではなくて、青空になったからはっきりしただけで、普段から我々はそうなんだ、ということがポイントなんですよ。

藤田 じゃあ、その証拠出してください、という人がいますよ。僕は言わないけど（笑）。

――「ただあるだけの私」というところからしてしまうと、どういうことかと。「青空」ということと同じと言ってしまうとそうなんだろうけども、また「青空」が自覚している、という形で実際体験しているということはそうなんだろうけれども……。

藤田 永井さんの話で「実存」と言っていた、「ただあるだけの私」というところですか？

――はい。その、ただ実存だけがある私という観点からすると、そこには何もあってはならない、ということにはなりませんか？

山下 なりません。だって、もうすでに皆さんも実存だけがある。皆さんとしてもう存在していて、同時にはっきり意識があるじゃないですか。その意識は絶対に、百分の一の皆さんとして、残りの九十九の意識を認識しているわけではないです。それは絶対にないです、あり得ない。

藤田 だから、この実存には映す働きがあると言ってもいいわけですか？

永井 もう単純に、何でもあっていいんです。それらが実存する、ということですから。そうで、あるということがある。と付け加えれば全部肯定されます。本質もまたただ実存するということです。それらが「がある」という形で終わらせればいい。

藤田 基本的には、実存にはものを映す働き、あるいは気づく働きはある？

永井 そういうふうに実存するといってもいいです。すべてをただ映す場として。

藤田 では、これで解決したということでいいでしょうか？

永井 これはですね、今から解決しようとすると（笑）。僕の哲学の授業に出てもらわないと。

あと、「自己ぎりの自己」において、他者はどこに位置付けられるのか、という話ですけど。

ここで今からやろうとすると、ちょっとね。

藤田　じゃあ、この本を読むといいというものを紹介してください。

永井　さっき出た『哲おじさんと学くん』で、そのことを確か「第三の世界像」という形で説明しています。

藤田　たぶん今までで一番くわしくそのことについて書いているものですよね。

永井　他者との関係というのを、第一、第二、第三の世界像という形で説明しているので、それを読んでいただきたいんですけど、要するに、私の場合に成り立っていることと同じことが、他者の場合にも成り立つことを認めるという形ですね。これはある意味それこそ矛盾というか、パラドキシカルなことで不思議なことなんですけど、面白いことに、それを我々はもうすでに認めているということです。それで、通常のものごとの理解にそれを使っちゃっているんですよね。

そういう話をここで書いているので、まあ、読んでいただきたいと思います。

――一通りは読んだのですが、それを仏教の側から見るとどうかということをお聞きしたかったのですが。

藤田　それこそ禅なんかははっきりしていないので、僕はそれこそ永井先生の議論を借りて、答えにしようと思っています。それで済むかどうか自分で検証中ということです。内山老師もそこのところはタッチせずに来ているんじゃないかと思いますが。

永井　そうそう。内山さんの「自己ぎりの自己」と「尽一切自己」とのつながりというのは、はっきりしていないんです、読んでも。だけど、直観的に感じ取っているものはあるはずなんで、私は「内山興正研究」というのもやっていて、それをそのうち独立に書きますので。

藤田　それはすごく楽しみです。それでは他の質問を。

――　永井先生が、『サンガ・ジャパン』の中で香山先生と対談されている中で、ヴィパッサナーをやってみたら、朗らかになったということをおっしゃっていて、私も、今日出たお話しのように、ヴィパッサナーの話を聞いていると、今までの坐禅や道元禅師の本を読んでいる感じからすると、操作的で、染汚の感じがしてしまうんですが、先生は効用があったと。そしてそれを奥さまにも気がつかれたと。それはどういうことなのかということをお聞きしたいと思います。

永井　それは僕もよく分かりませんよ（笑）。それは本当にそうなんですよ。どういう働きがあったかが分からないから驚いたんですね。

藤田　別に狭い因果関係で結びつけなくてもいいのではないですか。ヴィパッサナーをやるように自分を導いたものに芋づる式にくっついているものがみんな働きあって、結果として朗らかになったというように思ってもいいかもしれませんね。僕は、アメリカでは、ヴィパッサナーをやると暗くなるという声を時々耳にしました。けっきょく、その人次第なんでしょうね。

永井　暗くなるって、それはなぜなんですか？

藤田　それは、ヴィパッサナーという営みをやっている私というのが最後まで残ってしまうからですね。頑張れば頑張るほど、頑張っている私が目立ってくる、という言い方をする人もいました。あとは、教義がやはり現世否定的ということもあるのでしょうね。

永井　それが２・０の問題なんですね。

藤田　そうです。一生懸命やっているのに何で暗くなるの？　っていうことですね。それは、実行しなきゃいけないメソッドを一生懸命できた、できないというところで、それを見ている私が残っちゃっているということです。でも、僕なんかはそれって本当にヴィパッサナーなの？　やり方を間違えてるんじゃない？　って思うんですけど、良道さんに聞くと、いや、それがヴィパッサナーだよって言うんですよね。テーラワーダでは、どうしても日常的自己意識の枠の中でそれをやってしまうらしいんですよ。アメリカの修行者たちは単純と言うか、素直なので、その路線を突き詰めたらこういうことになるっていうことを僕にまざまざと見せてくれたわけです。生真面目にやると、生真面目にやっている悲壮感漂う私が、いっそうそこに感じられてしまうと言うんです。全員じゃないですよ。けど、そういうふうになるようにやってしまった人はそうなっちゃう。永井先生のように、インストラクションを誤解して、永井流でやってしまうと、そうならないかもしれないですけど（笑）。

山下　やはり1・0が朗らかじゃないというところがあるから。

藤田　理屈では朗らかじゃなきゃいけないのに、実際は朗らかじゃないという理論と現実のズレがあるということですね。

山下　1・0だと、ここにあるものが手つかずに残っちゃって、苦いものがありますから。やっぱり1・0も2・0も朗らかじゃないというのが結論です。

藤田　最後にもう一つだけ質問を受けます。

——さっきの「慈悲の瞑想」ですが、例えば「青空」とか、「前反省的自己意識」とか、涅槃の境地もそうなのかもしれないですけど、それって、ただあるだけで価値判断をしないで、そこからどうやって、「慈」とか「悲」とか仏教的な道徳観が、どういうところから出て来るんですか？

山下　だって、そこからしか出て来ないじゃないですか。

――「青空」とかいうところから、「慈悲」というものが出て来るんですか？

山下　なぜ私らが「慈悲」に立てないかって言ったら、百分の一の私を自分だと思うからであって。だって、百分の一の私に過ぎないんだったら、誰かの幸せを願うことも、誰かの苦しみからの解放を願うことも絶対無理ですよ。だから、さっきから言っているように、「慈悲」を言葉ではなくて、本当に実感できるのが、本当の意味での究極の「青空」の場所だけなのです。私の「ワンダルマ・メソッド」ですと、「慈悲の瞑想」をやった後に、いよいよサティの訓練に入っていきます。なぜかというと、「慈悲の瞑想」で一番大事なことは、「慈悲」の言葉を言うことではなくて、本当に実感できる場所を、自分の立ち位置を変えながら、ここに立てば本当に実感できるかな、それともここかな、というような形で、その場所を探っていきます。そしてその果てに、ああ、ここの場所に立ったら本当に、「私の嫌いな人も幸せになりますように」と言える。その場所が実は本当の意味での気づきの場所でもある。だから、「慈悲の瞑想」をやった後に、いよいよサティの訓練に入っていく、という手順を組みます。

藤田　「慈悲」というのは、個別の話ですよ。「多」というか「差別《しゃべつ》」の世界です。それに対して「智慧」というのは個別の話ではなくて、「一」の平等の世界なので、全然違う次元の話です。よく「智慧」から自然に「慈悲」は生まれると言うんだけど、そういう意味で言うと、「多」と「一」、「差別」と「平等」の違った世界なので、僕は自動的に生まれると言うのはどうなのかなと以前から思っています。そういう意味で、あえて「慈悲」を専門に育てていくような瞑想ができたのは、「智慧」の獲得とは別にやる必要があるからではないか。一つにはそういうことがあるんじゃないかと思っています。これは今後の討論課題として置いておきたいと思っています。

第二章 「自己ぎりの自己」と〈私〉

「ぶっつづき」と「断絶」――内山興正老師のこと

藤田　今回は二部構成で進めていきたいと思います。最初に永井さんから、話題提供というかたちで、内山興正老師の「自己」のとらえ方についてのプレゼンをしていただいて、その後、内山老師の孫弟子に当たる僕と良道さんが、それぞれの立場でコメントをした後に、三人でやり取りをするというのが第一部です。その後、良道さんに「青空としてのわたし」というメタファーについての、最近の展開の話をしていただいて、「雲としてのわたし」、その後、僕と永井さんでコメントしてから、三人でやり取りをするという形で進めていきたいと思います。ではさっそく、永井さんからお願いします。

永井　主として、内山さんの『坐禅の意味と実際』という本をもとに話を進めていきたいと思います。第四章の「坐禅人の自己」の「一、尽一切自己」と、同じ章の「三、覚めて生きる」というところの二つを主として検討して、その後に別の本である『進みと安らい――自己の世界』の第四章「自己の構造」との関係について考える、とこういうやり方で行きます。

何が問題かと言うと、この本に関する問題としては、第四章という一つの章の中の近接した箇所である「尽一切自己」というところと、「覚めて生きる」というところをただ普通に読むと、明らかに矛盾したことを言っているように読めるわけです。ここをどう読んでも、逆のことを言っているように読めるんですね。この本にはあまり説明がないので、これって、読んだ人はどう

思ったのか不思議なんですけど、これはいったいどういうことなのかということを考えてみたいと思います。

早速入ります。これは文脈があるんですけど、いきなり読みます。

「そのとき和尚さんは静かにいいました。『さあ、みんな自分のアタマへ手をやってごらん』。カボチャたちはみんな、おのおの自分のアタマへ手をやってみましたら、みんなのアタマの先っぽにはヘンなものがついています。『あれっ、これはヘンテコなものがついてるぞ。一体、何んだろう』といいながら、その先をずっとたどってみると、これはどうしたことでしょう。一本の蔓《つる》にみんなつながっているではありませんか。

『やあ、これは不思議。じつはみんなつながっていて、たった一つの生命を生きていたんだ。それなのに喧嘩するなんて大間違いだった。和尚さんのおっしゃるとおりだった』といって、それからはみんな仲良くしたということです。」

これって、カボチャが喧嘩しているけど、本当はつながってるって話なんですね。簡単な寓話ですね。その後もついでに読みますと、

「たしかにふだん私たちは、この自分、自分といっている小さな個体を生きていることは事実です。それで私たちの『思い』は、

この小さな個体を自分だと思い、自分自分といっているわけですけれど、しかし本当の生命の実物としての自己は、決してこの単なる個体ではなくして、個体以上のものでなければならないでしょう。」

「ところで私においてと同様に、あなたにおいてもそうなのです。してみれば小さな個体としての自分、およびその個体の考えるさまざまな思いの内容というものは、なるほどおのおののこの小さな個体を自分と思いこんでいるのだし、そのまた自分の思いだという点で、各別であるわけですが、しかし、おのおのの個体に働いていろいろと考えさせるところの生命の力というものは、いずれも『小さな私の思い以上の力』であるという点で、ぶっつづいているわけです。あたかも、先のカボチャの話において、カボチャのアタマの先っぽについている蔓をよくよく辿ってみれば、一つの生命の実物を生きているのと同じように、生きとし生けるもの、在りてあるものは、すべてぶっつづきの一つの大きな生命の力を生きているのだといわなければなりません。

坐禅はまさしく思いを手放しにすることによって、こういう尽一切《じんいっさい》（すべてのすべて）にぶっつづきの生命の実物を覚触せしめるでしょう。われわれは、小さなこの個体的自分の思いの中に住まい、この思いにふりまわされていればこそ、『自分ならざる他』が対立的に迫ってくるわけですが、もし思いを手放しにし、思い以上のところに働く生命の実物を覚触するときには、生きとし生けるもの、在りてあるものとぶっつづき、一切不二（二つに分かれる以前）の生命を生きている自己を見出します。

これを古来禅門では本来の面目《めんもく》といい、尽十方界自己《じんじっぽうかいじこ》といい、尽大地自己といい、尽一切自己などとも表現されています。」

これは単純に、一言で言ってしまえば、皆ぶっつづきだと言っているわけですね。それでぶっつづきだから、そんな喧嘩なんかすることはない、という話です。間に一つ節を挟みますけど、三の「目覚めて生きる」ではこういうふうに言われているんですね。

「すでにのべたように、坐禅は思いを手放しにすることによって、生命の実物そのものをわれわれに体験せしめますが、その生命の実物とは尽一切自己（すべてのすべてとぶっつづきの自己）なのでした。」

ここまでは同じことですね。

「そこで坐禅がわれわれに覚めさせる尽一切自己とは、要するに、『見渡す限りの自己の生命を生きるのみで、ここには他者というものがなく、……』」

ここはちょっとぎょっとしませんか？「他者というものがなく」とは、これはどういう意味なんだろう。ぶっつづきだからこそ他者というものがないんだという意味にとることもできますけど、そうではなくて、他者というものがないということは、自分一人しかいないという意味にもとれますから、そうすると、ぶっつづいているという話と矛盾すると感じてもおかしくはないですね。続けて読みますと、

「『それゆえ、どっちへどうころんでも、自己ぎりの自己の生命を生きるのだという態度そのものでなければならないでしょう。

ところで、このことはちょっと聞くと、とても不可能のことに聞こえるかもしれません。なるほど坐禅においてこそ、すべての仕事や他人との交際交渉もやめ、ただ自分一人きりで坐るのだから、『自己ぎりの自己』となることはできるかもしれないが、日常生活をしながら、自己ぎりの自己であるなど、とうていありえないのではないか。事実われわれの前には他人も存在し、世界も存在するではないか、と思われるだろうからです。」

ということは、逆に言うと、「自己ぎりの自己」であれば他人は存在しないし世界も存在しない、と言っているように聞こえますね。ここを素直に読むと。その後を続けます。

「ところが、じつはこのことは決して特別な造作をすることによって、自分の前の他者を抹殺して『自己ぎりの自己』となるのではないのです。その点、われわれは誰でも真実には、坐禅中だけ自己ぎりの自己なのではなくて、じつはいかなるときでも生命の実物としては、やはり坐禅のときと同じように『自己ぎりの自己』を生きているのだからです。

というのは、ふつうわれわれ人間はお互い同士、一つの共通の世界の中に生きており、この共通世界の中で他者と出逢うのだと思いこんでいるわけですが、いま坐禅を通し、思いを手放しにして学んだところの、ナマの生命体験の実物から見れば、決してそうではないでしょう。たとえばこのコップを、私とあなたが見る場合、ふつうわれわれは同一のコップを見ているると思っているわけですが、真実のナマの生命体験としては決してそうではありません。私は私の角度から、私の視力をもって見ているのだし、あなたはあなたの角度からあなたの視力をもって見ているのであって、絶対にお互いに、現ナマの生命体験を交換することもできなければ、知り合うこともできないものです。」

これはかなり強い主張で、つまり他者と切れているということを、視覚という例で強調しているんですね。見ることだけじゃなくて、このことがずっと強調されていくんです。ちょっと読みますと、

「見ることだけがそうだというのではなく、聞くことにおいても、嗅《か》ぐこと、味わうこと、触れること、すべての感覚知覚する体験内においてもそうなのです。してみれば、われわれが現ナマの生命体験して住まう世界は、私が私ぎりの世界を生き、あなたはあなたぎりの世界を生きているのでなければならないでしょう。いわんや考えることにいたってはまったく十人十色……」

と、人の考えの話があって、次の段落に行きますと、

「とにかくその点、われわれ人間がすべて同じ世界に住み、同じ考えでいると思いこむとしたら、それは大間違いです。たとえ同じ言葉をつかって話が通じているように見えるときにさえ、通じているのはまったく抽象された一応の意味だけなのであって、現ナマの生命体験としてはまったく異なった世界に住み、おのおの自己ぎりの自己の世界を生きているのだといわなければなりません。」

ここまで聞くと、やっぱりさっきのぶっつづきの話と、解釈の仕方はいろいろあると思いますけど、若干矛盾しているような印象を持つのが普通だと思います。もっと続きをさらに見てみますと、

「さらに『私はあなたのことをよく知っている』などとも、よくいいますが、この場合でも、私があなたの何から何まで知っているということなどありうるはずはなく、せいぜい私にあらわれたあなたの面だけを知っているのでしかないでしょう。つまり、私にとってあなたとは何か――それは『私の自己内容としての汝』でしかありません。」

これもかなり強烈な話で、つまり「あなた」というのは「私」の自己内容としてのあなたでしかないのであって、「あなた」そのものはないとまでは言っていないけど、知りえないとは言っていますね。そうすると、これはぶっつづきの話とは何となく違うんじゃないかと思いますよね。

その後を読みますと、

「こうしてみれば思いを手放しにした現ナマの生命体験としていえば、坐禅しているときだけにかぎらず、日常生活においても同じく、どこまでも『自己ぎりの自己』を生きているのだということは、決して特別のことではなく、まったくあたりまえの根本事実です。ふだんのわれわれは、ただ自分の思いの中で勝手に目の前に立てたところの他者との取引に慣れすぎているので、このようなナマの生命体験としての真実を見失っているだけなのです。」

だから、この「取引」の方が他者との繋がりで、本来の真実のあり方は個々人が断絶して切れている、というふうに言われているように取れますね。注のところにこう書いてあります。

「このことの、もっとも具体的にわかりやすい例は、金に対する世間の人たちの考え方です。金は大体、人間のアタマ同士の約束事の上にのみ成り立っている価値でしかないわけですが、世間の人たちは他者との取引に役立つ金こそを現ナマのものであると思い、かえって自己の生命の実物を見失ってしまっています。」

要するに、金銭的価値を通じて繋がるということですね。金は、さっきの、カボチャが繋がっていた蔓ではないですよね。実はお金が蔓だったという話だったらちょっとおかしいよね（笑）。まさにそれとは違う繋がり方のことを言おうとしているということは、誰が見ても分かると思います。その後を読みますと、

「ところが今や坐禅において、ナマの生命の実物を生きることに慣れて見なおしてみるならば、誰でも彼でも『どっちへどうころんでも自己ぎりの自己を生きている』以外にないことが明らかとなります。これは『永平清規』の『典座教訓』の中では、大心《だいしん》（小さな自分の思いを投げ出した、思いえらばぬ心）ということなのですが、とにかくこのとき私の前にあるあらゆる物、あらゆる事、あらゆる人、あらゆる世界はすべて、自己の内容、生命の風景、現在の状況としてあらわれているのだということが、はっきりしてくるでしょう。――それはちょうど坐禅中において、思いが浮かんだり消えたりすることのすべてが、坐禅中の風景であったのと同じことなのです。

このことは、さらに時間についても同様のことがいわれます。われわれはふだん、時間というものは、過去から現在を通し、未来へ流れてゆくものであり、われわれはその時間内に住んでいるのだと思いこんでいます。ところがこれも現ナマの生命体験の実物としていうならば、決してそんなものでないことがわかります。過去はすでに過ぎ去っていて無いものだし、未来はまだ来ていないので、無いのです。あるのはただ一瞬の現在だけであって、過去

も未来も、この一瞬の現在の中に思い浮かべられている内容、風景、状況でしかありません。」

ここは、私の存在、自己の存在と、現在の存在が類比的にとらえられていますから、最後の三行を自己で置き換えてみると、この私、自分だけが存在していて、過去や未来というのは他者に当たるわけですから、他者は存在しない、ということになりますね。他者というのは、自分の中に思い浮かべられている内容、風景でしかなくて、そのものとしての他者は存在しない、と言っていることになりますね。これはかなり強い主張です。言われていることが真理であるかどうかという問題以前に、テキストの内部だけで考えて、さっきのぶっつづきの話とこれはどう繋がるのか、ということが、どう考えても問題になります。こういうものを読む時には、この主張が正しいかどうかを考える前にまず、著者はなぜ矛盾するとは思わずに、この二つのことを並べて書いているのか、ということを考えるべきなんですね。これが、こういうものを読む時の一つのコツです。

もうちょっと先を読んでみます。

「こうしてみれば、現ナマの生命体験そのものとしては、やはりいつでも必ず『今ぎりの今』『現在ぎりの現在』を生きているだけです。」

今度は、「自己ぎりの自己」の代わりに、「今ぎりの今」、「現在ぎりの現在」、つまり今だけの今、現在だけの現在ですね。

「『尽一切自己人』として生き、働くということは、一体どういうことであるか。——ここではっきりしてまいります。『どっちへどうころんでも自己ぎりの自己、今ぎりの今として生き働く』ということ、そして『どっちへどうころんでも今、出逢うところを、わが生命として生き働く』ということです。このような生命態度のところ、もはや自己の目の前に、いかなる他者も、過去も未来も存せず、ただ現ナマの生命の実物を生きるだけとなるでしょう。」

ここでは「いかなる他者も」とはっきり言われています。ここまでちょっと考えますと、ここで最初のぶっつづきの話と、この議論とは、さっと読んだだけだと、どう考えても矛盾対立関係にあって、じゃあどうやってぶっつづいてるんだ、という疑問が湧いてきませんか？　湧いてくると思うんですよね。湧くのが当然で、それでこれに対する答えが、少なくともこの『坐禅の意味と実際』の中にはないと思うんですね。でも、内山さん自身はたぶん、自分は全く矛盾したことは言っていないというつもりで書いていると思います。当然ですけどね（笑）。書いている本人が、自分で矛盾していると思っているということはありえないことで、全然同じ気分で、同じことを言っていると思って書いているはずなんです。じゃあ、これはいったいどういうことを言おうとしているのか、というのが研究課題になるわけです。研究論文だとしたら、まあそうやって考えるんですね。そしてそのために、これもテキスト解釈としてもう一つ別の著作を考えるというのがよくあるやり方で、今回も別の本（『進みと安らい――自己の世界』「第四章　自己の構造」）を参照してみます。

矛盾を解きほぐす

この本は図がいっぱい出て来ますので、図を使って考えてみます（次頁以下、参照）。先ず、第一図というのがあって、その図の上のところを見てみてください。「屁一発でも貸し借り、ヤリトリできぬ自己の生命」とあります。「屁一発でも貸し借り、ヤリトリできぬ」というのは、完全に断絶しているということの強調表現ですね。絵ではすごい黒い壁みたいなものでそれを強調しています。全然断絶しているぞ、と。これってどう見ても、最初の、蔓が繋がっているという話と真逆のことが書いてあるわけです。注目すべきことは、どちらも非常に肯定的に書かれていることです。蔓の話も断絶している話もどっちかが間違っていてどっちかが正しいというのではなく、どちらも肯定的に書かれていることが重要です。

それでその次、第二図の方は、繋がっているんです。繋がっているので、これが蔓の話と通じるのかと思うと、そうじゃないんです。なんと今度は、「各々のアタマはコトバによって通じ合う」と言って、さっきの本で言うと、むしろこれは「金」に通じ合うんです。言葉というのは金みたいなもんです。第三図では「コトバによって、通じ合う世界がひらかれる」と書いてあって、その次の文章のところを読みますと、

「ところでいったんコトバをもって通じ合うことができるとすると、そこには『通じ合う世界』がひらかれます。この世界ではただ通じ合うだけではなく、ヤリトリ、貸し借りはもち

第 一 図

屁一発でも貸し借り，ヤリトリできぬ自己の生命

第 二 図

各々のアタマはコトバによって通じ合う

第 三 図

コトバによって，通じ合う世界がひらかれる

第四図

アタマが展開した世界の中に住む人間

（**A**） 逃げたり追ったり

（**B**） グループ呆け

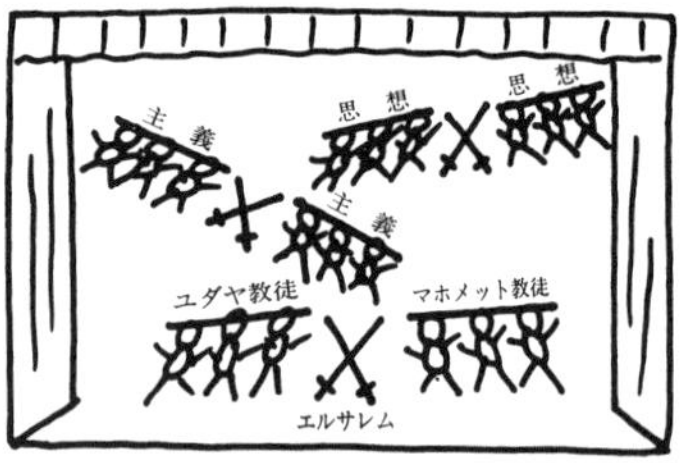

第五図

アタマの展開する世界の根本には

「わが生命」があったのだ！

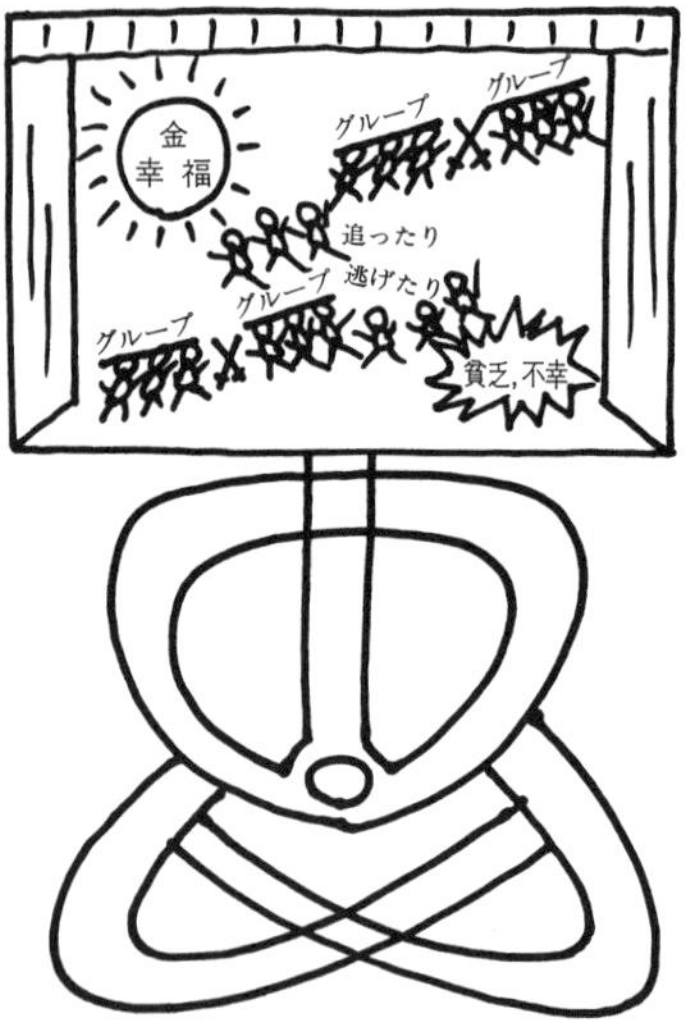

第六図

「ナマの生命体験」と，「ナマに生命体験される世界」と，それぐるみの自己

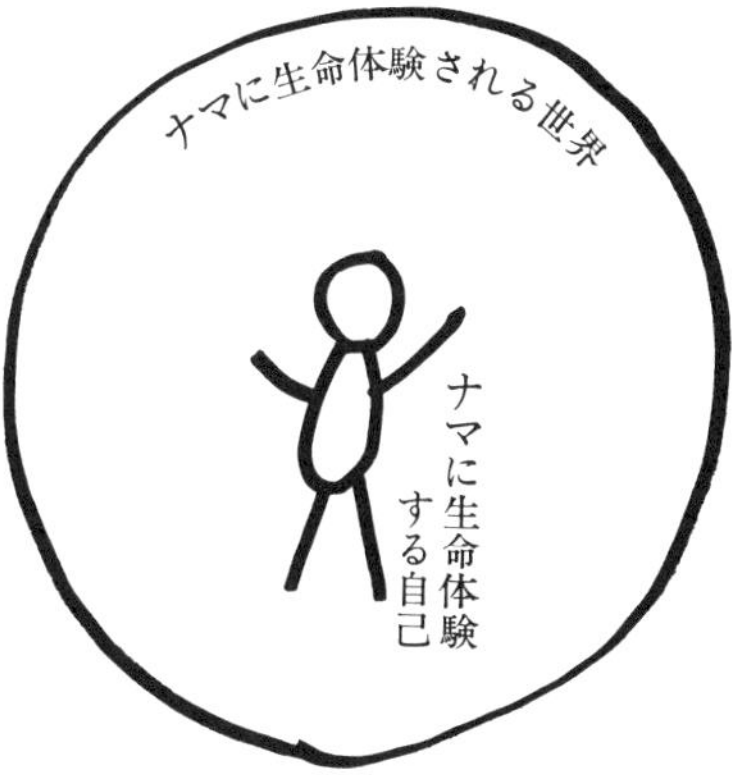

ろんのこと、大小、多少、よしあし、好き嫌い、勝ち敗け、正不正などの比較分別までできるようになります。それというのはこの世界は、ことばが展開した世界ですから、結局コトバの構造がそのままこの世界の構造となるのです。」

これは、今の文脈から言うと、否定的に言われていることです。つまり「よしあし、好き嫌い、勝ち敗け、正不正」とかこういうものが入ってきて、こういうものがコトバによってできてしまうということで、こっちの方は否定的です。これはこれで繋がってはいるわけですが、否定的な繋がり方であるわけです。コトバがそれを作るということは、ちょっと哲学的な議論で、その後

にはこう書いています。

「この通じ合う世界は同時に価値の世界でもあります。これに反し、第一図のような、人と貸し借り、ヤリトリなし、まったく通じ合うことのない『自己ぎりの自己』のところには、分別も比較も価値もあることはありません。」

「自己ぎりの自己」の方は、分別も比較も、価値もない、要するに、よしあしとかそういう価値判断が入ってこない、というわけですね。もちろん、勝ち敗けとか好き嫌いとか、そういうものがない世界ですね。この対比が分かりやすいですね。

話をもっと分かりやすくするために、「青空」と「雲」という喩えで言うならば、この対比では、言葉で繋がっている方が「雲」の世界ですね。それで、断絶しているほうが「青空」なんですね。じゃあ、最初の蔓でカボチャが繋がっていた話はどこにいったんだ？　と当然ここで思うわけです。カボチャの蔓はいったいどこから出て来るんだ？　どこまでいってもカボチャみたいには繋がらないじゃないか、とそう思っても不思議ではないですね。

それで、第四図というのがありまして、これは、頭の中でそういう言葉のヤリトリがあったら、何かがごちゃごちゃ作られて、「雲」がにょきにょき出て来るみたいな、そういう図ですね。それでいろいろ小さい字で書いてあるのは、「アタマが展開した世界の中に住む人間、（A）逃げたり追ったり」とか、「アタマが展開した世界の中に住む人間、（B）グループ呆け」とか、これはいろいろな思想・主義で争っているということですね。こういう対立関係というのは、これはちょうどさっきので図式的にまとめて言えば、「大小、多少、よしあし、好き嫌い、勝ち敗け、正不正などの比較分別」が入るということですよね。

ところが、これが第五図になると、「アタマの展開する世界の根本には『わが生命』があったのだ！」と書かれていて、配付したプリントのそこに関連した文章を読みますと、

「この『自己』は、さきにいったような、アタマの展開した舞台のうえに、わが生命をただその一員として投げ込んでしまっている『たんなる人間としての自分』（第四図（A）（B））とは区別しておかねばなりません。」

ここが非常に重要なところなんですが、第五図は坐禅をしている絵ですから、坐禅しているこの自己は、「アタマの展開する世界」の中に「わが生命」を「その一員として投げ込んで」はいないんですね。「わが生命」は、この第五図の場合には、中に入っていないで、外に出ているんです。中に入って、その一員として何かヤリトリしたりはしていないで、その様子を外から観ているんですね。だから、「たんなる人間としての自分ではない」とも言われています。じゃあ、いったい何なんだ？　と問われたなら、もちろん、何でもない。本質ではなく、存在、実存そのものです。何でもないのですから、もちろん誰でもないです。一員として投げ込まれて、分別や比較や価値づけによって他人とヤリトリしたりはしてないような、だから体験する自己と体験される世界の区別がもはやないような、独我的＝無我的な自己、つまり〈自己＝世界〉であるような自己で、これが最後の第六図に表わされている「自己ぎりの自己」であるわけです。だからこれはもはや、「自己ぎりの自己」と言うより、「これぎりのこれ」と言った方がいいようなものです。「自己」という必要もないので。

つまり、三段階あるということなんですよ。まず、全然切れている世界。次に、コトバとかお金とかそういうもので繋がっている世界。そこでは勝ち負けとか好き嫌いとかいろいろなものがある。第三番目に、今の、第五図と第六図のような世界ですね。他者と切れていると言っても、第一段階の切れ方と第三段階の切れ方は全然意味が違いますよ。内山さんご自身が語る際にはちょっと混同している面もあるのですが、この違いこそが決定的に重要です。第三段階の独在性は、我々はみな同一のコップを見ていると思っているけどそれぞれ見え方は違っているだろうとか、違っているか同じかそもそも分からないじゃないかとか、そういう私秘性の問題とはそもそも関係ないんです。第三段階の断絶は、そういうリアルな断絶とは、全然違う次元の問題です。

さて、しかし問題は、それじゃあ、カボチャが蔓で繋がっているあのあり方は、いったいどこから出てくるんだ？　ということですね。この三段階のどこにも出てきていないじゃないか。どこからも出てこないんじゃないか、という問題です。それで、これをどう考えたらいいかというと、その考え方は、ここでぐっと推論すると、どうしてもただ一つしかありえなくて、こういうふうに第六図のようになった人たちが、つまりそういう意味ではもはや他者がいなくなった人たちどうしが、その次元で繋がるしかないんですね。第六図のようなあり方で繋がらないとカボチャになれないと、そう推論するしかない。これは、ある意味でたいへん驚くべきことで、カボチャは自然に繋がっているのに、我々はそういうふうに素朴に繋がるためには、第三段階まで行って、さらに次の第四段階まで行かないと、カボチャの蔓のようには繋がれない。ということが、暗に言われているのではないか、というふうにこの全体を読むことができる。そして、おそらくは本当にそうなのだろうと思います。

「現在」と「自己」のアナロジー

永井　もう一つ、言っておきます。いまは内山さんの本の中だけで考えましたけど、私の議論を一つ付け加えておきます。それは、さっきの「このことは、さらに時間についても同様のことがいわれます。」で始まっている段落がありますが、この段落の終わりの方で、「あるのはただ一瞬の現在だけであって、過去も未来も、この一瞬の現在の中に思い浮かべられている内容、風景、状況でしかありません」とありました。その現在と自己とがアナロジカルに、類比的にとらえられていることは、さっき言いましたし、そういう議論なんですけど、そもそもどうしてそんな類比が成り立つのか、ということをちょっと考えてみたいんです。

それで、現在とは何か、ということから先に考えてみてください。現在とか今というものには、二つの意味がありますよね。どういうことかというと、こういうことです。いつでも現在ですよね。一時間前には一時間前の現在がありましたし、これから先もずっと現在ですよね。現在でない時なんてない。年表みたいなものを考えると、ある一点が現在だとすると、左側が過去で、右側が未来ですが、過去とか未来とは何かといえば、真ん中の現在がそこを動くということですね。現在は年表の出来事ラインの上を動いていくものですね。時計の場合は針があるので針のところが現在ですが、年表には針がないですけど。針がないと今がいつだか分かりませんね。地図に現在地が書き込まれてないと、ここがどこだか分からないのと同じで。年表にも本当は針が必要ですが、現在地が書き込まれてなくてもここがどこかは分かるように、針がなくても別の手段で今が年表上のどこであるかはわかるわけです。しかし、もし年表に針がついていたら、その針も時計の針と同じように動きます。その動く針が現在なのですから、いつでも現在なわけですが、しかし、実はそうではなくて、現在ってここにしかないじゃないですか。ここのこれが現在なだけで、これより前はもう過去ですし、これから先はずっと未来です。現在でない時なんてないどころか、ほとんどの時点は現在ではないでしょう。そうすると、ずっといつでも現在だという時の現在と、今のこの時点だけが現在だという時の現在とは、現在ということの意味が違うわけです。この違いが、さっきの第一段と第三段階の違いに対応しているわけです。

　実は現在はここにしかないんですけど、なぜかここが端的に現在であるというこの現在がいったい何であるかに関しては、いかなる説明も拒まれているんです。それぞれの時点においてそれぞれの時点で現在であるというのは、その時点において反省意識が働いてこの時点をとらえることによって、そこにいる生きものがそういうふうにその時点をとらえることによって現在が成立するんだ、といったような説明が成り立ちますけど、それはどの時点でも同じことです。それなのに、ここが、ここだけが現に現在であるというのは、いったいどういうことなんだ？　どの時点でも現在なはずなのに、ここにしか現在がないというのはいったいなぜなんだ？　この現在っていったい何なんだ？　ということは説明不可能なんです。

　この問題意識を、この議論にぜひ読み込んでほしいわけです。内山さんは言ってないけど、これを入れると、はるかに意味が豊かになります。同じことは自己についても言えるわけです。どの人も、誰でも、自己ですね。誰もが「私」であるというのは、人間がたくさんいて、その人間たちが自分自身を反省意識で自己としてとらえると、それが「私」になりますからね。だから、いっぱい「私」がいます。しかしそうは言っても、たしかに他の人もみな「私」ですけど、一人だけ本当の私というのがいるわけです。私は一人しかいません。他の人にも自己意識があるでしょうけど、彼らは私じゃない。他の時がそれぞれ現在であっても、それらは本当の現在じゃないのと同じように。これはいったい何なのか。どうやって人間や生きものに自己意識が成立するかということに関してなら、心理学的な説明でも、神経生理学的な説明でも、何でも、さまざまな説明が成り立つでしょうけど、自己意識を持つたくさんの生き物のうち「なぜかこいつが私であって、ほかのやつは他人である」という事実に関しては、いかなる説明も成り立たない。

説明ができないとはどういうことかというと、因果連関の内にないということです。時間に関してもそうです。これが現実に今であるのはどうしてなのか、と言われても、何の理由もないんですね。これが現に今、ただ現に今なだけです。この私もそうですね。その私は何であるかと言われても、何であるから私、どうであるから私なのか、と問われても、その「何」や「どう」の中身はないんです。中身が何もないというのは、かくかくしかじかの性質を持ったり、かくかくしかじかの本質を持っていると私になる、ということがない、ということです。それぞれの私というのは、それぞれの反省意識が成立することによって成立するという説明が成り立つし、個々の人がそれぞれ違うということは、それぞれ個性があったりすればいいわけですが、しかし、その中で、ある一つが私であるというのはどういうことなのか。この眼からしか世界が見えなくて、あの眼とかからは世界が見えないのはなぜなのか。ということに関しては説明が拒まれていて、なぜか現にそうである、というだけなんです。本質なしの実存です。

何が言いたいかと言えば、さっき最後に坐禅をしている絵があって、それとその次の絵がこの本の中での結論になっているんですけど、この時の自己は「この自己は、先に言ったようなアタマの展開した舞台の上に、わが生命をその一員として投げ込んでしまっている『たんなる人間としての自分』とは、区別しておかねばならない」と言われていたわけですが、それはなぜかと言えば、この意味での私だからなんだ、ということです。ここで成立する私というのは、他の人との関連で言えば、例えば単にBさんというだけです。Bという人はいろいろ性質を持っているわけですね。警察官だとしたら警察官として扱われるわけですよね。子供がいれば、お父さんとしても扱われるわけですよね。そういう属性がたくさん集まってBさんという人が成立しているわけです。そして、他の人たちはBさんを、そういう属性の集まりとして見ている。というか、そうでしかありえない。そういうとらえかたがさっきの「貸し借り」とか「よしあし」というような繋がりを作り出すもとになっているものですね。しかし、私であるというのは、その繋がりの中にないんです。全然ないです。私であるということは、そういう普通に理解されている連関の中に、もともとないんです。あったためしもないし、ありえない。この意味での私はそもそも世界の中に実在していないんです。これは非常に重要なことです。

もう一点だけこの話に付け加えておくと、さっきの一番最後の蔓が繋がるのは、第三段階まで行った後で、他者に関しても、この意味での私であるかのように見る、ということですね。でも、そもそも私しかこの意味での私じゃないんです。だからこそ私なんですから。それにもかかわらず、他の人たちのことも、この意味での私であるかのように見る時に、初めて蔓が繋がるんですね、我々人間の場合は。もっと素朴なものの場合はもっといい繋がり方をしているかもしれないけど、我々は断絶させられているんですよ。だから、こういうレヴェルの高い繋がり方まで行かないと、まともな普通の繋がり方ができない。もって回ったやり方のように見えるけど、もって回ったやり方をしないと素朴な繋がり方ができない、という不思議なあり方をしているんじゃないでしょうか、我々は。

「青空」と「雲」と「慈悲」と

藤田　ありがとうございました。後で良道さんにもコメントをしてもらいたいと思います。最後のところはすごく面白いですよね。この前に打ち合わせをした時も、この最後の点についての話は出てこなかったので、今聞いていて僕はとても面白いと思いました。内山老師がどうしていろんな図をこんなふうにたくさん考え出したり、『進みと安らい――自己の世界』という本も四、五〇歳代くらいの時に書かれていると思いますけれども、どうして自己についてこういうことをしつこいくらいに書いているかということを考えてみたいんです。僕の言い方からすると、坐禅を坐禅としてちゃんとできるためには、ここのところをはっきりさせてからでないと始まらないという事情があるんではないか、というように思うんですね。例えば最後の第五図について、「この『自己』は、『たんなる人間としての自分』とは、区別しておかなければなりません」と書いてあります（一一三頁参照）。区別しておかなければならないのはなぜかというと、そういう区別に立たないと坐禅を間違えてしまう、という事情があるからです。

我々は普通、いま永井さんが「もって回ったやり方をしないと素朴な繋がり方ができない」と言われましたが、今の状態のままで坐禅というものを、もっと広くいうと仏法の行法というものをやろうとしたときに、誰がやるかというと、「たんなる人間としての自分」がやるわけですね。自分がこの行法を身につけて、その行法に対して上手くなる、それをマスターするという「私のプロジェクト」が始まってしまうわけですけど、そもそも坐禅の成り立っている世界というのは、そこではないわけですね。

第四図でいうと、舞台の中で、貧乏や不幸がいやで、金や幸福の方向にいっせいに走り出している。坐禅もそういう枠組みの中でやってしまいがちなんです。そこのところがしっかり区別できていないと、本当は舞台の外の話なのに、舞台の中で坐禅をしてしまうという間違いを、気がつかないでやってしまう。そこの違いをはっきりと、坐禅に取りかかる前にある程度、頭で分かっておかないといけない。坐禅が上手くいかないのは、自分の頑張りが足りないとか、自分の才能が足りないとかが原因であるというよりは、違いについて頭ではわかったつもりでも、知らず知らずのうちに、いざやり始めてみると舞台の中の作業としてやってしまっている。そのせいでいろいろな困難とか不都合にぶち当たってしまっているんではないかということですね。

どうしたって、舞台の外ということがあるということを知らなかったら、やっぱり舞台の中で解決しようとしてしまうわけですよ。それで何かいいことが起こっても、それを舞台の中の物語の中で解釈して有頂天になったり傲慢になったり、あるいは何か悪いことが起こったり思い通りにならないと、落ち込んだり自分や人を責めたりするということですね。そういうことは我々にとっては本質的なことではないにもかかわらず、そこに引っかかって自由を失ってしまう、というようなことになる。

最近僕は岡潔さんという数学者の「第一の心と第二の心」という講演録を、たまたまネットで見つけました。自分が取り組んでいたテーマにぴったりというか、とてもタイムリーな出会いだったので、この頃はあちこちでその話をしているんですけど、彼が「第一の心」というのは、たぶん舞台の中で活動している心で、言葉でヤリトリしている世界に飛び込んでしまって、そこに自分があるという錯覚で動いている心ですね。それで彼の言によれば、第一の心というのは、私というものが入らないと動かない心だということですから、どうしても私が登場しないわけにはいかないので、第一の心で坐禅すると、「私」が頑張って坐禅という作業をしているという話になります。そこではさっきも言ったように、いろいろな葛藤やドラマが当然起きてしまうんですね。でも、私の入る余地がない第二の心だと、それが起こらないというか、そういう世界ではないんですよ。第二の心で坐禅をすれば、道元さんも言っている「安楽の法門」にならざるを得ないわけなんですね。

第一の心と第二の心には、それぞれ内山老師の言う「自分」と「自己」とを振り分けてもいいと思います。やはり坐禅するにしても、あるいは瞑想するにしても、はじめに正しい坐禅のヴィジョンというものを持って始めないと、余計な問題とか余計な困難につきまとわれてしまう。そういう意味もあって僕は、この内山老師の議論というのは、単なる哲学的な議論ではなくて、行法をしっかり裏打ちするような道理、八正道で言えば「正見」にあたるものだと思います。八正道の最初に正見があるのは単なる偶然ではなくて、正見の後に他の七つがあって、その他の七つの「正しい」ということを保証するのは正見次第だと僕は思っています。内山老師のこの自分と自己の区別の議論はまさに坐禅にとっては正見にあたるところなので、単なる知的な遊戯とかではなくて、どうしてもこれは最初に押さえておかなければいけない大事なことなんじゃないかなというふうに思っています。

僕も良道さんも、ずっと若いときからこういう本は読んだり議論したりしてるわけですけど、やはりその頃から、「自己ぎりの自己」とか「今ぎりの今」というようなところを、単なるスローガンではなくて、もっと腑に落ちて分かりたいという問題意識があって、それで永井さんの哲学的な本に、偶然というか、探していると行き当たって、絶対これは同じ方向でなされている話だな、とは思っていたんですね。まさかこうやって一緒に内山老師のことで議論できる日が来るとは当時は思っていませんでしたけど。で、先ほど言われたような断絶とぶっつづきを仲介するのが、まさにこの坐禅がイラストレートされている第五図であり、第六図である、と最後に締めくくりで言われたのは、すごく腑に落ちる説明の仕方だったので、それを聞けてよかったなと思っています。

山下　さっき一照さんが言いましたけども、私らが安泰寺という修行道場にほぼ同時期に入ったのが一九八二年の春だから、もう三三年前なんだけど、そのころからずっと二人にとっては、この話が基本の基本だったのです。もちろん当時は完全には理解できていなかったけれど、ここがわかることを目標に坐禅を続けてきたというのが、我々のこれまでの歩みと言えるかな。内山老師から二人とも「黙って三十年坐ること」と言われたのだけど、その三十年もとうとう過ぎたので、もう沈黙を破らなければいけない時がきたのでしょうね。まあ、三十年間黙っていたわけではないけれど（笑）。というわけで、一照さんと同じく、この我々の原点である問題をこんなに大勢の人の前で論じる日がきたというのが、何とも感慨無量です。

それで今日、永井さんのお話しをうかがっていると、三十年間やってきたこと、考えてきたことがあらゆるレベルで刺激を受けてしまい、あまりに多くのことがいま頭にわっと浮かんできています。なので、たぶん私はそれをすべて、今日の限られた時間のなかではとても話しきれないので、今日話せなかったことを、この先五回くらいかけてポッドキャストで話します。それが出たら聞いてください。（二〇一五年、夏から秋にかけての一法庵のポッドキャストを参考にしてください。内容は題名から推測できます。）

でも、本当にいまの永井さんと一照さんの話でクリアに分かってきましたね。後で私自身のプレゼンテーションもしますけれども、一法庵では「雲」と「青空」というたとえを始終使っていて、「雲としてのわたし」、「青空としてのわたし」というのが最重要な用語です。そしてもうおわかりだと思いますが「青空としてのわたし」というのは、この一連の内山老師の図のなかでは、

第五図にあたります。で、「雲としてのわたし」というのが、第四図の「アタマが展開した世界で、逃げたり追ったり、グループ呆けしている人間」のことですね。

この「アタマが展開した世界」というのは、一法庵の用語で言うと、「映画」の世界です。私らのなかで思いがうわーっと湧き上がってきますが、それはこころのなかで映画が上映されるようなものです。内山老師は映画の世界を「舞台」と表現されています。図の四角がちょうどスクリーンにあたります。我々はそれが映画であることを忘れてしまい、その映画の中にずぶずぶと入りこんでしまう。すべてをリアルだと思い込んでしまいます。そのリアルだと思い込んだ世界の個々のものに対して、好きだの嫌いだのと反応してしまう。その好き嫌いの感情から、それに突き上げられた行動も生まれてきます。ここまでは、私も普段から始終言ってますが、今日、もうひとつの側面が明らかになってきました。

どういうことかというと、第四図をみながら、お二人の話をきいてるうちに、なぜここで内山老師は（A）と（B）と二つに分けたのかがはっきりしたのです。（A）と（B）の違いは、いままで私が思っていた以上に深い意味があったのです。（A）は映画を一人でぼつんと個人的営みとして見ているときの様子ですね。でも、ここからすぐには「グループ呆け」はでてこない。「個人」で呆けているだけだから。「グループ呆け」がでてくるためには、みんなが一緒に、ある共通の映画を見て、一緒にその映画をリアルだと信じ込んでいることが条件になってきます。この点を追求していくと、単に個人のこころの構造だけではなく、社会の成り立ち、構造まで視野にはいってきます。

もう少し詳しくいうと、一人で個人用のＤＶＤで映画を観てるときでも、本当は存在しないものをリアルだと信じ込むのだから、当然さまざまな問題が生じてきます。ただ、それはあくまで個人の孤独のなかでの苦しみです。ところが、大きなスクリーンに上映された映画を、集団で観賞して、それに対して好き嫌いという感情を持ってしまうと、より大きな危険が生じてきてしまうのです。なぜなら、皆で一緒に好き嫌いという感情にかられたとき、その対象をめぐる「争い」が始まるからです。個人がひとりで孤独のなかで苦しんでいた時にはなかった「争い」という個人を超えた新しい事象が起こってきます。このあたりの状況の質的変化がはっきりと、第四図の（Ａ）のなかではただ逃げたり追ったりしていたのが、（Ｂ）になるとグループ呆けがおこり、そのグループどうしの「争い」が始まると表現されたのではないでしょうかね。映画というものをみんなが見ることで幻想を共有し、その共有された幻想にもとづいて、追いかけたり逃げたりしているうちに、争いが始まり、そしてとうとう戦争にまで発展する。

内山老師が（Ａ）だけではなく、（Ｂ）まで言及することで、社会の構造まで踏み込んでいることは、もっと注目されていいと思います。なぜなら、ここから「つながり」の問題がでてくるからです。永井さんから先ほど、「つながり」には「二つの段階」があるという最重要な指摘がありました。下手に共同幻想によってつながると、それは争いや、戦争を生むものになる。なのでいったん断絶を経たあとの、まったく新しいつながりが必要で、そこからのみ「新しい社会」が生まれてきます。この問題を考えていく上でも、まずは（Ｂ）についての徹底分析が必要だと思います。

ただ、この一連の内山老師の話は、あくまで坐禅をすることで見えてきた世界のことで、坐禅なしには意味を持たないでしょう。私とは誰か、世界とは何かの説明が、すべて坐禅して見えてくるものは何かの説明と表裏の関係になっています。この点はいくら強調しても、強調しすぎることはないでしょう。一応それをおさえたうえで、見ていきます。

私がふだんシンキングマインドとか映画という用語を使って表現していることを、内山老師は全部「思い」とまとめています。あなたは自由な世界を自分の思い通りに生きていると思っているでしょうが、実はあなたは「思い」という牢獄の中にいるのだよ。その牢獄は、あなたの「思い」が勝手に作ったもので、勝手に作ったものの中にずぶずぶに入って自由を失っているんだよ、というのが基本的な現実認識ですね。

でも、そのような現状を客観的に認識して終わりではなくて、これはあくまで坐禅の世界の話です。なので、そう現状を認識したうえで、そこからどう解放されていくかまでの話を含んでいます。あなたを閉じ込めている牢獄を作っているのは、あなた自身の「思い」だから、その思いを手放さなきゃいけないんだよ、そしてその牢獄から出なきゃいけないんだよ、と続いて行きます。そしてその牢獄から出たところにあるのが、第五図で表現されている、私の用語によると「青空としてのわたし」ですね。先ほど永井さんが「つながり」のところで言われたけれど、「青空としてのわたし」というのは、ただ私だけがぽつんとそうなのかというと、そうではなくて、一人一人がそうなのですね。そしてそういう「青空としてのわたし」を自覚したものどうしでないと、本当の繋がりがでてこないという。

つながりと言っても、単にカボチャの蔓が繋がっているというレヴェルのつながりならば、これはなんて言うか、この世界で雲が、水と関係する色々なものとただ繋がっているよねという話になってしまいます。たとえば空に浮かんだ雲が、時に雨となって地上に降りていき、川の流れとなりやがて海に流れ込み、海から水蒸気があがってまた雲となる。雲↓雨↓川↓海↓水蒸気↓雲と循環するように、いろいろなフォームを変えていきながら、何かが続いていくでしょう。だからそれと同じように、あなたの肉体もかたちを変えて行くだけで、あなたは死後も継続していくんだよという、そんなレヴェルの話になっちゃうんですよ。分かりやすいんだけれども、だけど恐ろしく薄っぺらな話になってしまう。生死を超えるとは、そんなことではないでしょう。

先ほど、永井さんが「他の人たちのことも、この意味での私であるかのように見る時に、初めて蔓が繋がる」と言われました。第五図のわたしが、他のひともまた第五図の存在なのだと認識することですね。そういうふうに他人を見るとはどういうことかいうと、ここでいきなり『法華経』に飛ぶんだけれども、観音経にある「慈眼視衆生《じげんししゅじょう》」が実現されているのですよ。慈悲の眼でもって衆生を見ているということですね。誰が誰を見ているの？　といったら、まず観ているのはお経のなかでは観音さまですね。観音さまっていったい誰？　といったら、この第五図の坐禅をしている人のこと。そのひとが観音さまです。その観音さまから見たら、すべてがそういうふうに見えるから、だから当然、観音さまの眼が「慈悲の眼」になる。慈悲の眼で衆生を、つまりすべてのものを見ている。

一照さんも言ったけど、坐禅をどういう世界観のもとにやらなければいけないかが大事で、まさにこの世界観でないと坐禅にならない。つまり、慈悲という世界観。慈悲というのは、この私らが第五図に落ち着いたときに、そこから世間を見る視線のことです。だからその時に他人を見たならば、それぞれの他人が「青空としてのわたし」にみえる。だからもうそこには慈悲というものしかなくて、ひとりひとりの他人に対して好きとか嫌いだとかは、あり得ないですよね。

それで、どうやってそういう世界に入っていくの？　というので、いろいろな瞑想メソッドが用意されています。ただ、その瞑想メソッドを使うことによってどういう世界観に入ろうとしているのかをはっきりさせないから、結局、最近になって海外から入ってきた瞑想テクニックが、全てこの第四図のレヴェルで解釈されてしまっています。慈悲に関しても、自分の意志の力によって慈悲が持てると思ってしまっている。もちろん正統的な仏教の先生たちも、コンパッション（慈悲）をカルティベイト（養う）するという言い方はしますけれども、それは自力的な努力のことではありません。そのあたりがはっきりしなかったので、慈悲の瞑想が全然上手くいかなかった。でも、この第五図の場所に立った時にのみ、慈悲というものが本当に見えてくることがわかったら、慈悲に対するアプローチもまったく違ってくるでしょう。

まとめると「アタマで通じ合う世界」という「映画」の世界が生まれ、皆で映画をリアルだと信じてしまう。その世界には、いいものと悪いものとに全部分かれているから、当然好き嫌いが分かれて、そこから当然争いごとが生まれてくる。それを全部手放していこうということですね。

内山老師の図にあてはめると第三図と第四図の「アタマの展開する世界」が、「映画」の世界ですね。映画を作っている思いを手放した坐禅をすることで、第五図の世界が開かれるのですが、内山老師は第五図の解説として「アタマの展開する世界の根本には、『わが生命』があったのだ」と言っています。「わが生命」というのは、私ら三十何年間、耳たこで聞いてきた言葉なんですけども、ちょっとこれはあらゆる誤解にさらされちゃうだろうなと思います。特に「わが」という言葉がついているのは、ちょっと危ういなとは思うんですけども、でもそれは、いまの私の用語だと、「青空」ですね。「青空」の中から「雲」が生まれて、その「雲」が「映画」の世界を作っていってしまう。だけれども、私らの本質は「青空」である。

だから、最初の第一図で全部ぶった切られているのは、これは単なる我々は孤独だと言っているのではなくて、私らはアタマが展開した世界で通じ合って、いわば共有された「映画」の世界の中の単なる一員のように思っているけど、そうではないんだよと言っているわけです。だから、孤独でネガティブなことではなくて、極めてポジティヴですね。それがもともとの原点なのだということ。それなのに、コトバのやり取りが全部通じ合ってしまい、アタマが展開した世界に住むようになると、どうしても欲と怒りにみちた争いの世界、つまりネガティヴな世界が広がる。そこから、また自分の原点に戻っていこうよねという、そういう構造になっています。ようやく第一図から第五図まで内山老師が言われていたことと、いま私らがやっていること、「雲」とか「青空」とか「慈悲」ということを、この文脈で全部説明でききちゃうなという気がしました。

「断絶」の意味するもの

藤田　三人で話をするための話題を提供する意味で言うんですけど、たとえば、スピリチュアルと言われるような世界でも、繋がりというか、カボチャの例でいう分断から繋がりというようなことを言っていて、そこでは単純な言い方をすると、ぶった切られているのは思考によってそういった幻想が生まれているだけであって、実は本当は繋がっているし、最初から繋がっているし、修行なりワークというのは、本来の繋がりに帰ることを目指しているんだ、というようなレトリックというか、そういう言い方の表現があると思います。

それだと、この第一図は当然ネガティヴな否定されるべきものなわけですよ。分断の第一図は乗り越えられて繋がっているカボチャへ、という議論に見えるんだけど、永井さんも強調したように、ほんとうのところは第一図はそうではなくて、真実を表したものとして挙げられています。その意味でポジティヴな意味を持つものだし、分断されている第一図と繋がっているカボチャの絵というのは、一見矛盾しているようだけれども同時に両立しているというのが、内山老師の議論の特徴であるわけです。良道さんがいみじくも、孤立、孤独のような意味でぶった切られているのではない、というように言われたけど、そこのところをちょっと話してみたいなと思います。

「関係がぶった切られていて、ヤリトリできぬ」というのは、一つには「いのち」ですよね。死ぬのは、私のいのちを死ぬので、他の誰かのいのちじゃない。自分の死は誰にも変わってもらえないということですね。宗教の一つの出発点であるような、永井さんの言い方で言うと、宇宙に独在している、たった一人の、独特のあり方をした〈私〉が、ここに、私としていると。そして、他の人じゃない、絶対取り替えができない私という存在があるということと同時に、だけれども、それが一切と繋がっているということ。そういうことが、別のことではなくて同じことの二つの面みたいなかたちで成り立っている。そこではぶった切られていると言っても、ネガティヴじゃないというか、良道さんが言った孤独のようなぶった切られ方とは違うというところがポイントです。

僕らが孤独に感じてしまうという孤立的なぶった切られ方は、それは誤解にもとづいている孤独感である、つまり誤った思考のせいでそういう状態に陥っている。俺は寂しいというような、そういう分断されているという感覚と、それから、厳粛な事実としてぶった切られているということとの大きな違いが、あるのではないかと思っているんですよ。

それで、そこをはっきりさせるということと、本当の繋がりというものを、単にふーん、そうなんだと、よそ事みたいに考えるだけじゃなくて、単なる気分の問題じゃなくて、もっと深い洞察を通して、その人の生き方として成熟してくるような、生きるということの地盤になっているような、そういう繋がりを本当に分かるということは、密接に関連しているんじゃないかなと思います。どうですかね？　質問の意味がわかりますか？

永井　切れているほうについてですが、要するに図で言うと、第一図が切れていて、第二図があって、それで第一図の方がポジティヴで、第二図の方がネガティヴに働いていると私は言いましたし、内山老師の記述もそうなっていると思いますけど、この第一図と第五図を直接重ねるのは、本当はまずくて、問題があるんですね。

A　B　C　D

それは例えば、さっき読んだ、「私の角度から見えているだけで、他の人の角度からは見えない」とか、哲学ではよく、他の人がこれがどういう色に見えているかは私には見えない、私には赤く見えているけど、その色が他の人には私なら黄色と呼ぶ色に見えていて、それを「赤」と呼んでいるかもしれなくて、それは確かめようがない、という議論があります。クオリア逆転と言うんですが。そういう話とつながっている話だと思うんですね。これはいろいろな感情や感覚もそうで、他人の痛みは痛くないですね。明らかに一生、私たちは自分の痛みしか感じられなくて、他人の痛みがどういうものかわからない。むかし大森荘蔵という哲学者がいまして、他人が痛いということの意味がわからない、と年取って、六十過ぎてからも本気で言っていて、感動した覚えがあります。若い人が若気の至りで言うならわかりますけど、お爺さんになってから、痛いのはいつも私だから、他人が痛いというのは、そもそも意味がわからない、と本気で言っていましたから。そういう種類の哲学的な議論は存在します。

そういう種類の問題があることは事実ですが、そういうような第一図的な断絶と、第五図や第六図のようなところで言われている断絶とは、実は全然別の話なんですよ。これはきわめて重要な区別なのですが、ほとんどの人がこれを混同しているんです。偉い哲学者もみな混同しているんです。一見似て見えるので。
どう違うかと言えば、簡単なことで、最初の断絶はこういうふうにすべての人が断絶しているわけですから、この人とこの人［CとD］の間にもあるわけですよ。それで、この人の感じることをこの人は感じられないということは当然のことですよね。しかし、いま言っているのは、なぜかこいつ［B］が私だという話なんですね。これは根拠なくそうなのですが、みんなの断絶の方は実は根拠がありますよね。生物学的な根拠も神経生理学的な根拠もありますから。痛みは身体のある部分から脳へ伝わってくるので、神経が繋がっていない他人が感じるわけがない。とか、そういう種類の話ができますから。もちろん、クオリアの逆転などはその上に成立する固有に哲学的な問題ですけどね。それに対して、こいつがなぜか私であるという話は、それとはまったく違う種類の話なんです。こちらは初めから何の理由も根拠もない。ところが、多くの哲学者もこの二つを混同していて、さっきの大森荘蔵はもちろん、ウィトゲンシュタインでさえ、しばしばこれを混同して間違ったことを言っているというのが、私の診断なんです。当然、内山老師もここは混同していると思います。誰もが混同している点ですから。
藤田　いわゆる独我論というのは、いま永井さんが言われた生物学的に根拠づけられるようなもののことですか？
永井　独我論という概念自体がこの混同によって成立した概念なんですよ。独我論者も独我論批判者も、どちらも混同した概念に依存して対立しているので、この対立には意味がないんです。哲学で重要なのは、対立しているどちらの立場に立つかではなくて、こういう解明をすることなんですね。これは明らかに違う問題だということを解明すると、独我論という概念自体の意味が変わりますよね。それで、独我論と言われているものにも、何種類もあると思いますけど、少なくとも二種類は区別できる。そして、正しく区別されると、どちらもいわゆる独我論ではなくってしまいます。そういうことが重要で、哲学の話ではなくて、仏教とか宗教ということに関して言っても、この区別は、本当は重要じゃないでしょうか？　私には重要だという直観がありまして、そこまで言うと、「自己ぎりの自己」という点もまた微妙なんです。これもいろいろな解釈ができると思いますけど、第一図のような断絶で理解されてしまうと、本当はちょっとまずいんじゃないでしょうか。第一図と第五図・第六図とは初めから全く違うことを言っていて、第五図・第六図からしか「自己ぎりの自己」には行けないし、だから当然、「慈悲」とかそっちの方向へも行けないんじゃないかと思います。

藤田　内山老師の第一図では、まだ永井さんが独自に言っているような、Bだけが独特だという観点が入っていない、ということですね。

永井　入っていない。入れるべきだと思います。最初から入れた方がいい。

藤田　入れることができる可能性というのは、第五図がてこになるだろうという見通しですよね？

永井　そうですね。でも第五図で、そんなことは書かれていないですよね。

藤田　書かれていないですね。そんな問題で考え出したイラストではないですから。

永井　第六図をそういうふうに解釈できると思います。

藤田　そういう解釈はとても面白いと思います。さっきのカボチャの話なんですけど、頭に手をやったのは、一人がやったわけではないし、僕が読んだバージョンだと、和尚さんが怒ったときに、「おまえたち、そうやって、アタマがかっかしている状態でケンカなんかやっているけど、ちょっと坐禅して心を静めてみろ」、そして「アタマに手をやってみろ」と言っているわけなんですよ。だから、永井さんがさっき締めくくりの時に、繋がっているカボチャという素朴なところに眼が開くためには、まわりくどいけど、第五図・第六図のような経過をたどらないといけないと言ったので思い出したんですけど、カボチャの話も、和尚さんが確かに「坐禅しろ」と言っているバージョンもあるんですよ、みんな坐って坐禅しろと。それでみんな落ち着いて、それからアタマに手をやってみると繋がっている、というバージョンもあるんです。その場合、「みんな各々自分のアタマの上に手をやってみました」というので、だから一個がやったのではなくて、みんながやっている。今回ここで初めてこういう疑問の持ち方をしたんですが、一人だけやった場合は、手を頭にやったカボチャはそれが分かるけど、手を頭にやらなくて、やっぱり俺は断絶してるカボチャだと思い込んでいる、坐禅が上手くいかなかったカボチャは、やっぱり断絶しているというドラマを生きている、ということになるんですか？

山下　でしょうね。自分の映画の世界に閉じ込められたままで、外が見つからない。

藤田　まあ、まず手をアタマにやらないでしょうね。というのは、ポジティヴな意味じゃなくて悪い意味で断絶しているから。エゴというのは孤立した意識なわけですよね。自分を孤立したものとして意識しているような意識。実存的に孤立しているというよりは、孤立していると自分で思い込んでしまっているような意識で、瞑想とか坐禅をすると、けっきょく孤立を強化するようなやり方で瞑想なり坐禅のやり方を受けとってしまう。最初から孤立という色眼鏡をかけているので、よく見なさいと言われると、全部のものに孤立という色が着いているように見えちゃう。坐禅にしても瞑想にしても、本来の繋がりを見出すためにもともとデザインされているものであるにもかかわらず、最初のヴィジョンというのが孤立から出発しているから、そいつを強化するような行法として誤って適用してしまうということが、人間には起こってくるんじゃないかなと思っています。それはさっき言った「正見」に基づかない行法の実践のことです。

山下　だから、孤立していて、いま苦しいわけですよね。それで、もしその方向で修行してしまったら、その人が夢見る苦しみからの解放というのは、孤立した私がなくなることになっちゃいますよね。

藤田　孤立した意識がヴィジョンとして描く孤立がない状態というのは、けっきょくは孤立の裏返しじゃないですか。だから、まず最初にそれこそ「心を入れ替えない」と、そこから出られないんじゃないか、と思うんです。やればやるほど孤立を強化する結果になったり、孤立が見えないように上手く自分を誤魔化すというか、孤立感を覆い隠して別なものでカバーするような努力を一生懸命してしまうんじゃないか。もしそうだったら、それは孤立の隙間を埋めようとする努力が、心の底で孤立の感覚を逆に強めてしまうことになるのではないか。そして、いつかはそれが破綻する時が来るのではないかということを思いますね。

山下　それはまだ修行が始まる前の社会の話でしょう？　自分の孤独を何とか誤魔化していると

いうのは。それである意味、世界観の転回がないままに、孤立していると思っている、そして苦しんでいると思っている私が瞑想修行しようと思ったら、その人は何をしようとするかというと、やはり自己の抹殺になってしまうんですよね。自己を抹殺して、ゼロにしていくこと。

藤田　それはネガティヴな意味で言っているんですよね？　中道を説いたブッダが避けるべき極端の一つとして挙げた苦行主義というのはそういう立場ではないかな。

山下　はい、ネガティヴな意味で言ってます。だけど、それが正しい修行の方向性なんだというふうに無理やり思おうと思ったら、仏典ってそう読めちゃうから、そういう方向性になっちゃう。でもそれは誤読です。だから私らがいま、アップデートということで、バージョンアップしてバージョンを変えなきゃいけないよね、というのは、世界観そのものを変えなきゃいけないと、そういう話ですよね。

藤田　そうそう、そういうことです。今日のような議論も、そこにかかわってくる非常に大事な問題です。自分というものをどうとらえるか。普通僕らは、自分というものはよくわかっていると思っていますけど、自分ぐらいわからないものはない。僕と良道さんは性格も違うし、スタイルも違うんだけど、立場として共通しているのは、普段、自分、自分といっている「たんなる人間としての自分」が、一生懸命頑張って修行して、自分をよくしていく、というやり方ではらちがあかないし、それだと、ますます病気を重くするだけなんじゃないか、というところでは一致している。それは出発点を間違えているし、方向性も間違えている。そこを問題にしないと、いくらその後、頑張っても、たぶんどこにも行かないっていうか、ぐるぐる同じループを回っているだけになる。あるいはブレーキとアクセルを同時に踏んで、疲れるわりには車が先に行かないようなことになるのではないかということですね。そういうのが輪廻だと僕は理解しています。

そういう考えに到ったのは、たぶん二人とも、かつての自分たちも含めてだけど、日本の外でそういうふうになっている人たちを目撃して来た、海外で身近に見たり聞いたりしてきたということがあったからじゃないかと僕は思うんです。やはり海外に出てみて、一生懸命やっているけど、先に進んでいかないということで悩んでいる人、僕らもそうだったんですけど、そういうケースを見ているから、やっぱりそこを大事にしなきゃいけないと気づいた。海外の熱心な人というのは、とにかく何かやりたい、実践したいというのがあるんだけど、その実践そのものをガイドするオリエンテーションというのを、すごくはしょるところがある感じがするんですよ。とにかく早くやり方を教えてよ、一生懸命やるからさ、と言うんだけど、やり方の土台になっているような、やり方をガイドする考え方を吟味するという作業をきちんとやっておかないと、さっき言ったような第二の心で修行するという発想が全然ないままに第一の心で突っ走るという感じでやってしまっている、ということがあるんじゃないかと思います。

つながりということ

山下　ただ、さっきからずっと言っている、第一図の「ヤリトリできぬ」というのは、それほど深い意味で言っているわけではなくて、逆に全部ヤリトリできているというのが、世間の常識じゃないですか。要するに、ある会社の中での社員Aという人と社員Bという人は、これは交換できちゃうわけですよね、会社のシステムの中ではね。で、Aがいなくなればさっさと Bに換えちゃえばいい。全部置き換えがきく、と私らは思い込まされていて。それはなぜかといったら、それは全部「映画」の中を実在だと思っているから。それで、そうじゃないんだよ、ということをまず気づかせるための揺さぶりが必要です。この第一図というのは、方便として揺さぶるためにやっているだけであって、これがそもそも結論ではないですよ。

藤田　そこは考えが違いますね。僕は、これはすごく大事な話で、方便というような位置ではないと思うんです。これは非常に大事な感覚なんですよ、僕にとって。この第一図的な事態を一番上手く言っているなと思ったのが永井さんだったんですよ。それで、永井さんの書いていることを読んでいくと、僕が思っていたよりも、もっと深刻に断絶しているというのが分かった（笑）。こういう感覚がないと、僕は仏教に縁が無かったんじゃないか、と思っているんです。永井さんも、なぜか知らないけどそうあるとしか言えないような変なものが、そこに〈私〉として存在しているという思いがずっとあるわけですよね。永井さんにとって、繋がっているカボチャという話は、その立場からすると、こんなに徹底的に他者と架橋できないものとして存在している私が、社会で上手くやっていくためには、方便として繋がっているつもりで生きた方がいいよ、というくらいの話なんですか？

永井　それも不可欠だから、次の第二図とかがあるわけですよね。第一図も第二図も事実として重要な事実だと思いますよ。そして、断絶している方も、ぶっつづきの方も、両方とも二種類ずつあるんですよね。断絶している方は、第一図と第五図・第六図で、繋がる方は、第二図のように普通のコトバやお金やのレベルで繋がるのと、慈悲で象徴されるようなレベルで繋がるのとね。

慈悲の話をすると、『アップデートする仏教』の「慈悲の瞑想」についてお二人に違いがあって、前回、そこについての話が非常にうけたじゃないですか。あれとこの話はちょっと関係していて、この上に慈悲が成り立つわけで。第二図とか第三図は、言葉によって繋がると書いてあるじゃないですか。慈悲というのは言葉を使うんですね。他の瞑想は基本的には言葉を使わない。原理的には言葉をなくしていく方向にありますけど。でも、慈悲の瞑想は、言葉なしには成り立たないと思います。言葉を入れないと、そもそも何をやっているのかわからないから、本質的に言葉を入れるんです。という意味では、第二図に近いんだけど、それを、いったん第五図・第六図のような立場に立って、もう一回別の観点からそれをやるので、言葉への意味の与え方自体を変えなきゃいけないんです。これは大変なことで、だから慈悲の瞑想は大事なんです。

藤田　なるほど。そういう言い方をされると、なんとなく納得できます。

永井　これは、大事というか、非常に特殊な役割を担っていて、今のような観点からいかないと、慈悲の瞑想というのは、すごく重要なんだけど、重要性を位置づけるのが非常に難しいということになるんじゃないでしょうか。すごく特殊なものだと思うんです。

藤田　どうやら他の人もこういうあり方をしていて、私と同じように、悩みながら喜びながら生きているんだということを、自分の中に落とし込んでいこうとしているようだ、という言い方をしてもいいんですか？　さっきそういう言い方をされましたよね。

永井　いまの言い方はちょっと違います。それだとまだ少し弱くて、第二図、第三図にちょっと近くて、単に同情したりでしょ？　それは取引とか好き嫌いとかいうレヴェルではないけど、もっと違うんじゃないでしょうか、慈悲のレベルは。単に世話したりとかいうのとは違うレヴェルで、他者との関係というのがあるんじゃないですか？

山下　だから、まさにこれが、慈悲の瞑想です。

藤田　これっていうのは？

山下　「違うレヴェルで、他者との関係」のこと。第五図で坐禅をしている人は、ひとりで坐禅をしているようにみえます。他者はいないようにみえる。でも、自分が第五図の坐禅をしていると、他者も同じくそういう存在だとわかります。そうやってみえてきた他人に対する思いが慈悲なんですよ。今までは「映画の世界」の中でお互いに好きだの嫌いだのをやっていて、その世界で少しは他人の苦しみを感じようということではないんです。我々は、いま第五図として坐禅をしている。でも、同じ第五図の存在の人がたくさんいる。その人たちに対する視線は、映画の中の他者に対する視線とは違う。それがさっきの『観音経』の「慈眼」、「慈悲の視線」ですよ。じゃあ、その視線というのがどこから出て来るかといえば、やはりこの第五図ですよ。慈悲の瞑想というのは、「誰々が幸せでありますように、生きとし生けるものが幸せでありますように」、と言葉を使うわけですね。下手をすれば、この第二図、第三図、第四図のレヴェルになりますよね、「私は幸せが欲しい」って。そこがたぶん一照さんが、慈悲の瞑想にたいして違和感を感じる点なんですよ。ただ、私は「慈悲の瞑想」を毎回やっているんだけども、それは、この第五図に立ちながら、ここでの幸せを願うわけです。

藤田　慈悲というものは、いまの蔓の繋がりという文脈では、蔓というのをどういうふうにとらえるのかな？

山下　一つの世界なんだから、全部繋がっているじゃないですか。

藤田　そこが繋がっているのか。じゃあ、蔓を図に描くときはどこに描く？

山下　それは、「わが生命」の上で成り立っているんだから、もう「わが生命」が、それが一つの大きな蔓じゃない？

藤田　この後、「青空としてのわたし」が出て来るから、この蔓の話も続けてやろうかなと思います。

山下　そこで、いくらなんでもやはり話が大きくなりすぎますが、サンガという問題が出て来ます。二五〇〇年、仏教は何をやっていたかというと、一人一人がバラバラに生きてきたわけじゃなくて、やっぱり共同体志向なんですよ、圧倒的に。ただ日本仏教の場合は、サンガというものが非常に危うい状況なんだけれども、それでも、サンガを作ろうよね、というのが、二五〇〇年の仏教の基本的な流れじゃないですか。そうなった時に、第一図というのは、私はもちろん先に言ったように方便として認めるんだけれども、これだけだったらサンガなんて成り立ちようがないし、サンガを作っていこうよね、という大きな原動力もないのではないかなと思います。

藤田　第一図を痛いくらいわかった人じゃないとサンガはできない、ということですか（笑）。

山下　だから、まさにここの第五図の人じゃないとサンガはできない。じゃないと、まさに徒党になっちゃうし、あるいはグルっぽい人がいたら、その人のものになっちゃう。

藤田 この第一図というのは、自分の足で立つしかないよ、ということじゃない？

山下 サンガというのは、自分の足で立った人しか入れない。

藤田 そうそう。だから第一図が大事なんですよ。

山下 だけど、同時に自分の足で歩いている人は一人で歩いているんじゃなくて、やはりサンガを作ってきたわけですよ。二五〇〇年間。

藤田 そうそう。僕らが普通にグループを作ると、お互いに相手を自分のために利用するような関係になってしまう。それはなぜかというと、僕らは一人で立ちきれてない、独立者というところで徹底してないから、寄りかかる対象、当てにするよすがとして、グループとか他の人を見てしまうわけですよ。それで、寄りかかろうと思っても寄りかかれるものなど何一つないという深い洞察がある人たちだけが、同じ道を共にする者同士の友愛関係として、依存関係じゃなくサンガを作ることができるわけです。だから、「リヴィング・アローン・トゥギャザー（living alone together)」というふうに僕は言うわけですけど、一人一人、単独者が協力し共同し合っているというのが、僕のサンガのイメージなので、第一図はどうしても必要なんですよ。

だから、あんまり繫がり繫がりといって、第一図を否定する形で繫がりという方向にむかって、それでみんな仲良く、ハッピー、ハッピーというのは、僕はちょっと抵抗があるんですね。何か一言言いたくなるという感覚があります。だから、この第一図とカボチャの図を、重ねて書くとしたらどんなふうになるのか、あるいは、第六図に入れて描くとどうなるのかな、ということです。

永井　第六図に描くというのは難しいですね。第六図は、第五図でもそうですけど、そこに孤絶して存在するものは、第一図の意味で断絶せざるをえないものとは全く違う種類のものですよね。だからつまり、第二図のような仕方で繋がって存在するようになることなどありえない。あえて描くなら、図を立体にして、第二図みたいな横方向じゃなくて、縦方向に重なるような――だから平面的に見れば第六図や第五図と同じになるというような――そういうような次元の違う描き方をするしかないんじゃないでしょうか。

ニッバーナとナーマ・ルーパ

山下　私の方で図を用意させていただいたんですけど、それは実は朝日カルチャーセンターで「仏教3・0の入門」講座をやっているんですけども、その時に黒板で書いたのを、生徒さんがコンピューターでまとめてくれたんです（一四六頁以下参照）。非常にありがたいことです。

それで、今日は仏教3・0ということがテーマですけど、そもそも3・0っていったい何？と思っている方もいるかもしれません。『アップデートする仏教』などの私や一照さんの本を熱心に読まれている方や、二人の坐禅会に参加されている方は、既に十分わかっていらっしゃると思うんですけども、そうでない人のために、念のために一応ざっとおさらいしていきますね。というのは、まさに今日ずっと話し合ってきたポイントである、内山老師の、この「映画」の世界を坐禅の姿勢から見ているという世界観ですね。それは私の言葉で言えば「青空」から見ている、ということになります。なぜか？　私というのは「雲」ではないから、という世界観になっているわけなんですよね。それで、ずっと一照さんが言っていたのは、坐禅とか瞑想とかっていうのは、「私は雲に過ぎない」という世界観のもとでやったって意味ないいんじゃないの？　ということです。だから「正見」というものが大事だよね、という話だったわけですね。

それで、ざっとまとめていくと、以前は、仏教1・0、2・0、3・0というとらえ方をして色々と比較したりしていたのですが、それよりか、それらの前に「世間」というものをいれて、そこの対比でみていったほうが、遙かにわかりやすいのではということ。なぜかと言うと、我々全員は世間のなかを生きてきて、もともと世間の出身で、世間の価値観にもとづいて自分を形成したあと、仏教の世界に入ってきたわけですよね。だから、そもそも自分の出身母体である世間はどういう世界観だったのかを、きちんと押さえる必要があります。そのうえで、1・0、2・0、3・0のそれぞれの世界観を分析するのが、一番有効だと思います。

では見ていきましょう。図2の「私とニッバーナとの関係」をご覧ください。これも大胆極まりない図なんだけれども、これはどういうことかというと、まず第一にはっきりさせなければいけないのは、世間にはニッバーナ（＝涅槃）は存在していないということ。これは、われわれ三人も含めて、みなさんも世間の人、あるいは世間出身だからわかっているように、ニッバーナというのは世間のなかにはない。ニッバーナという価値、ニッバーナという考え方、世界観というものはそこには存在しない。この点はいいですね。では世間にあるのは何かと言ったら、「ナー

図１　ナーマとルーパ

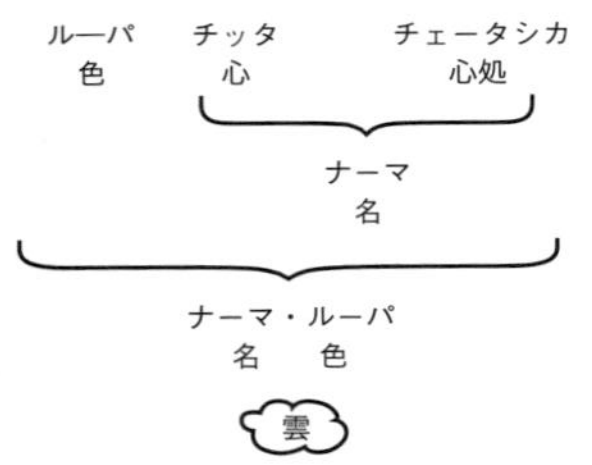

図２　私とニッバーナとの関係

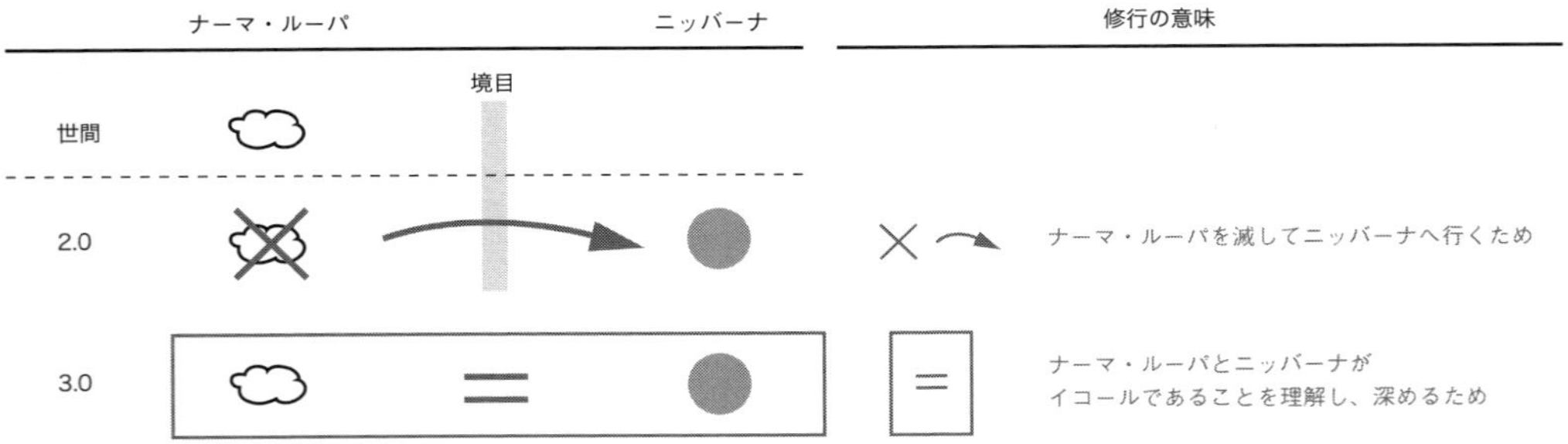

図3

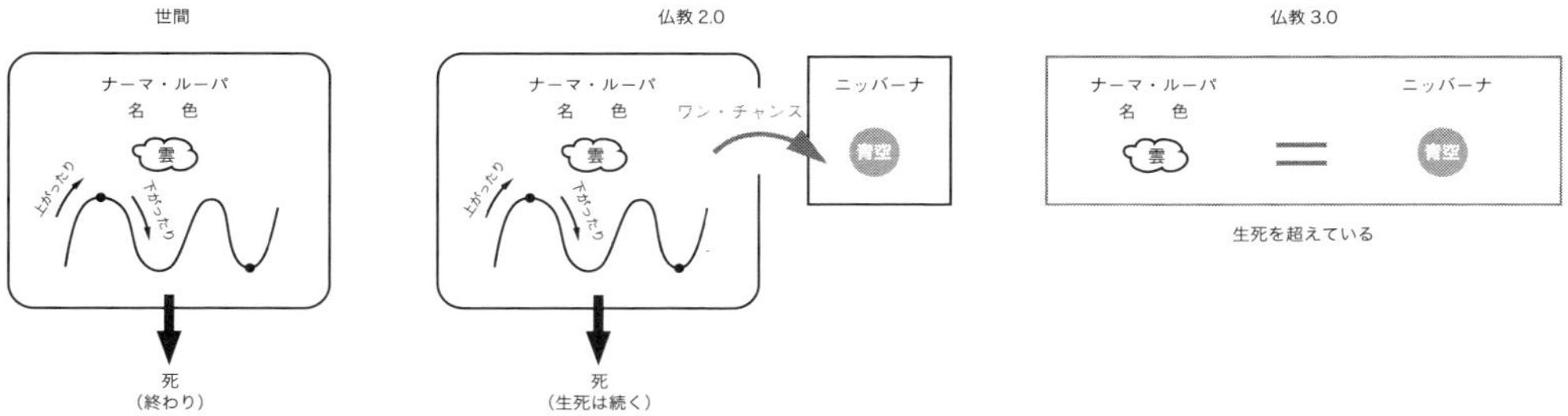
世間
ナーマ・ルーパ
名　色
雲
上がったり
下がったり
死
（終わり）
仏教 2.0
ナーマ・ルーパ
名　色
雲
上がったり
下がったり
死
（生死は続く）
ワン・チャンス
ニッバーナ
青空
仏教 3.0
ナーマ・ルーパ
名　色
雲
ニッバーナ
青空
生死を超えている

図4

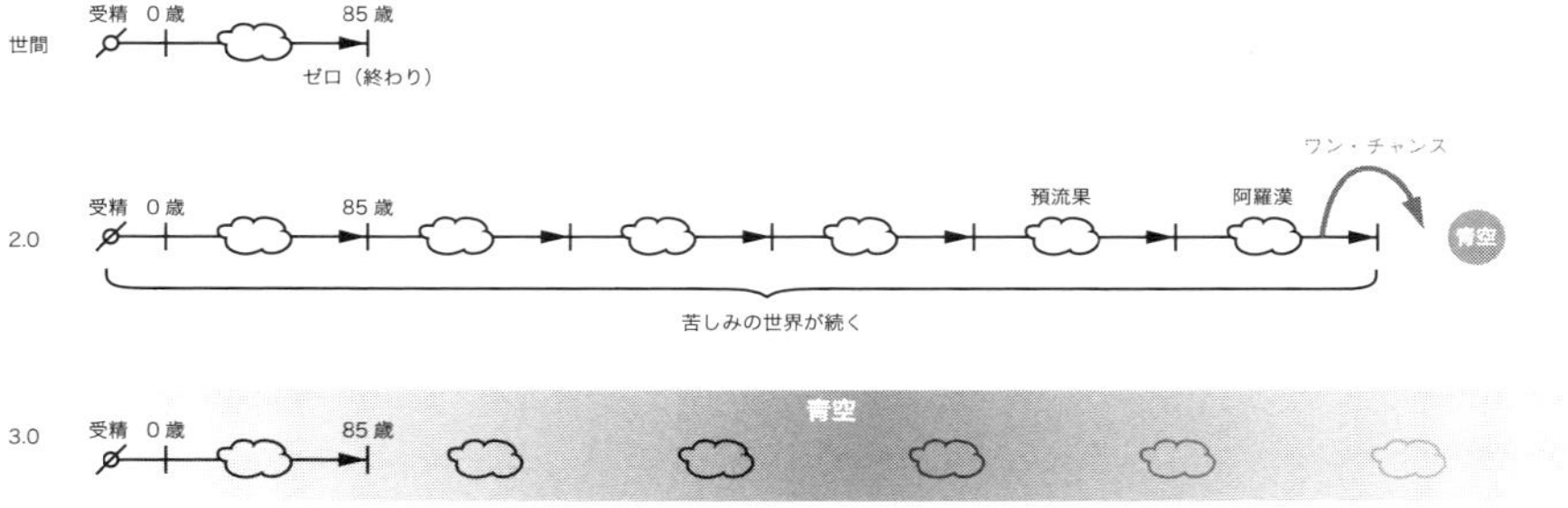
世間
受精　0歳
85歳
ゼロ（終わり）
2.0
受精　0歳
85歳
預流果
阿羅漢
ワン・チャンス
青空
苦しみの世界が続く
3.0
受精　0歳
85歳
青空

マ（名）」と「ルーパ（色）」のみです。「ナーマ」とは精神的なもの、「ルーパ」とは物質的なものです。その二つのみがこの世に存在しているだけなんだ、ということですよね。それで私ら人間は、精神的なものであるシンキング（思考）と感情と、そして物質的な肉体という、この二つを持っていま生きていて、それで終わり。それ以外には何もない。そういう世界観をわれわれは生きている。この世間という場所で。

それに対して、二五〇〇年前のインドで、お釈迦さまという人が現れました。あのかたはいったい何をされたのか、菩提樹の下で何を発見されたのか、といったら、要するに、何だかわけがわからないけど、どうやら「ニッバーナ」というのを発見されたらしい、そういう話じゃないですか。それで、いきなりニッバーナというものが何かあるよね、という話になってしまった。でも、ニッバーナっていったい何かというのが、よくわけがわからないままで来てしまったんです。

だから、世間と仏教を一番分ける点はどこかといったら、ニッバーナというものが存在するのかしないのか、そこだけじゃないですか。それで全部見事に説明ついちゃうわけです。そうしたら、図3を見てもらったらわかると思いますけど、ニッバーナが存在しない世界をどうやって生きていくのかというと、ナーマとルーパが消えた後のことなんか考えたら憂鬱になるから一切考えないようにしよう。じゃあ今、眼の前に何があるの？　といったら、ナーマとルーパの世界だけがあって、そこには当然運が良かったり悪かったりがあるわけです。運を何とか頼んで、山あり谷ありの世界を、谷に落ちたら何とか山へ登ろうよね、山に登ったらなるべく長くそこにいようよね、という生き方しかできないわけですよね。そして、平均年齢が八五歳だったならば、人生計画も八五年間の分しか考えられない。八五年以降のことは一切考えないという、そういう世界観ですよね。これが世間です。

そして、それじゃあ、あまりにも辛いと思っていたときに、どうもニッバーナという、われわれにとっての救いになるものがあるらしいという、良き知らせが届きました。そのニッバーナという救いはどこに位置するの、今の私とニッバーナとはどういう関係になってるの？ が問題になります。さっきも出てましたけど、普通の見方だと、この私というのはどうしようもなく、煩悩によって汚れた存在です。この汚れた存在である私と、清らかなニッバーナとは、真反対の存在。じゃあ、この二つはどういう位置関係なのかというと、この汚れた私が完全にきれいになった時に、それまで私とは一切関係なかったニッバーナに入って行ける。だから完全に汚れをゼロにするという方向性で、ニッバーナを目指していこうよね、そこに救いがあるから、という世界観になってきます。その道筋で大事なのは、この汚れ具合がどれだけ減っていくかという点です。

ある時、汚れ具合が大幅に減って、ついにニッバーナというものに直接触れました。直接触れることで「あ、何か確かに実際にあるよね」となって、それゆえ疑いがなくなります。疑いがなくなった時にその人が何になるかというと、仏教の基本的な考え方で言うと、預流果《よるか》（ソーターパンナ）になると言われます。つまり流れのなかにしっかり入って、ニッバーナの存在にこれ以上疑いがなくなり、もうもとに戻る気持ちは一切消える。それでそのまま前に進んでいくだけです。普通、預流果になったら、どんなに多くても七回以上は生まれ変わらないと言いますね。そして修行をつづけていくうちに、ついに完全に汚れがなくなった存在に最後になります。それが阿羅漢《あらかん》（アラハン）ですね。だけど、この阿羅漢といえども、生きているわけで、生きているということは、形のある肉体と形のあるシンキングと感情を持っているから、だから完全にはニッバーナそのものではないわけですよね、当然。ニッバーナというのは形のないものだから。

では、阿羅漢とニッバーナとはどういう関係なの？　といったならば、人間としては最高度にニッバーナを認識しているけれども、まだ完全にニッバーナそのものではない。じゃあ、いつニッバーナと一つになるの？　といったら、形ある阿羅漢の肉体が崩壊して形がなくなった時ですね。だから結局、ニッバーナはどこにあるのか、といったら、たった一つの場所にしかなくて、これは非常に単純明快で、阿羅漢となって死んでいく時、ここだけです。どうでしょうか、この会場にもテーラワーダを勉強している人はたくさんいると思うけど、教義の上ではこうなっていますよね。

それで、以上のような伝統的なニッバーナの捉え方に対して、果たしてそれが正しいのかという、根本的な疑問を投げつけたのが、マハーヤーナ（大乗）の伝統ですね。いままでの考え方から、大きなジャンプがあったわけです。どういうジャンプだったかというと、この私らというのは、ナーマとルーパで構成された存在であることは、大乗でももちろんそのまま認めます。つまり雲としての存在ですね。だけれども、我々はそれだけではなくて、同時に「青空」でもある。つまり同時に、ニッバーナでもある。いまここで、既に。というような、とんでもない世界観なんですよ。この世界観は、日本人だったら誰でも知っている般若心経の中のあの言葉、「色不異空、空不異色、色即是空、空即是色」、ここに見事に表現されています。

般若心経のあそこは「色」と「空」、つまり「かたちあるもの」と「かたちなきもの」が、実は同じなんだよね、というとんでもないことを言っているんです。あれは、単に色には実体がないなんてレヴェルの、わかりやすい話をしているのではありません。これはどういうことかと言えば、「かたちある私」が、本質としては「かたちなきもの」なんだということです。イコールでいきなりその二つを繋いでいるわけですね。なぜいきなりそんなに自信をもって繋げるのか？というと、瞑想の中でそのことを発見したからですね。「かたちあるもの」と「かたちなきもの」がイコールだということを、自ら体験した。そういうとんでもない世界観の転換が、仏教史のある時点で起こった。そこから、マハーヤーナの運動が始まり、その転換を言語で表現しようとして大量の大乗経典が書かれた。この視点にたつと、もう大乗経典から何から全部、素直に読めて理解できてしまいます。そして、世界観が全部変わったのだから、当然修行の方向性もやり方も全部変わってきてしまいます。

話がかなり大きくなりすぎましたが、このあたりが、今日の内山老師の話とどう繋がるのかをみてゆきましょう。内山老師の第三図で、コトバで通じ合う世界がひらかれ、第四図ではその世界で欲と怒りでやっさもっさしていることが表現されました。この世界は、私らが「思い」によって作り上げた「映画」の世界であり、そのなかのすべてのものは、「かたちあるもの」です。そのなかに登場してくる、この私自身も、みなさん自身も、「かたちあるもの」で、それ以上でもそれ以下でもないという世界観ですね。所詮はかたちある存在に過ぎない、所詮は「雲」に過ぎないという考え方ですね。

ところが、第五図になると、私はそういう世界を坐禅しながら見ています。ではどこから見ているのかといったら、かたちある世界の外、かたちのない世界から、つまり「青空」から見ているのです。不思議ですね。私というのは、追ったり逃げたりしている「かたちある存在」でした。でも同時に、それを青空から観ている「かたちなき存在」でもある。ここで、かたちある存在と、かたちなき存在がイコールで結ばれるのです。私自身の場所で。

だから、ナーマ、ルーパで構成された「かたちある存在」である我々が、実は同時に「かたちなき存在」とイコールになります。それが意味するのは、ニッバーナとは自分の外にある、それを目指して進む対象ではなくて、自分の本質がニッバーナだというとんでもない世界観の転換がここで起こるのです。「色不異空、空不異色、色即是空、空即是色」というのは、こういうとんでもないことを言っているんですよ。だから、このとんでもないことを拒否する人は、完全に拒否するでしょう。逆にこれを受け入れる時に、一つの大きなジャンプが起きることは、容易に理解できますね。そしてこのジャンプの行われた先に、われわれの日本仏教というのがあります。だから内山老師をこういうふうな形でまとめるというのは、その流れに沿ったものだとご理解いただけるでしょう。

世界観が変わったのだから、当然、修行とは何かが一八〇度かわりますね。私や一照さんが三十何年間やってきたのは、只管打坐ですが、なぜ只管に打坐するだけでいいの？　といったら、われわれはもともとニッバーナだからですね。これから一生懸命がんばってなんとかニッバーナに近づこうというのではない。それを自覚して坐って行くのが、只管打坐ということです。その時に、この自分が坐っている「青空」から、さまざまなかたちある「雲」が見える。その「雲」に対する視線が、慈悲の眼である。つまり「慈眼視衆生」。そうなった時に、単なる「雲」に過ぎない人間が、烏合の衆として、徒党として集まるんではなくて、「青空としてのわたし」を自覚した人間同士がまったく新しい人間関係を作ろうよね、というところで成り立ったのが、サンガというものなのではないのかな、ということですね。

むりやり、私が仏教1・0、2・0、3・0でやっていることを、今日の内山老師の第一図から第五図にあてはめると、以上のようなことになるだろうと思います。前半のところでもちょこっとお話ししましたけれども、私の話を普段聞いてくださっている人だったら理解していただけたんではないかと思います。一応ここまでにしておきます。

「無我」とはどういうことか

藤田　じゃあまず、今の良道さんのプレゼンに対して永井さんの方から何かコメントをお願いします。

永井　はい。コメントではなくて、ここもまた強引に結びつけていきます。まあ、これは最初から「青空」なんですよ（笑）。端的に言ってしまいますけど。すごく根本的な問題がありまして、自己とか主体とか私とか、何でもいいですけど、そういう概念が、全く真逆の二つの意味を持っているんですね。

私とは何かというと、無我なんですよ。無我だから私だ、ということですね。この逆説がポイントですよ、本当に。私は、他のものを把握するときには、さっきおっしゃった形あるものとして、つまり形でとらえるわけです。それで、自己をとらえる時にはどうやってとらえるかというと、つまり私って何だ？　という時にどうやってとらえるかといいますと、自己というのは他者から見れば特定の人間ですから、身長とか体型とか顔かたちとかそういう特徴を持っていますけど、自分が自分をそういう特徴でとらえるということはないんですね。特徴はないわけです。あってもそれは使わないわけです。自己の成立にとっては特徴は関係ないです。特徴も関係なければ、自分が持っているもの全てが関係ないんです。だから私は、最初から、誰でもないわけです。

じゃあ、どうやってとらえられているのかと言えば、これはある意味でとても不思議なことなんですね。だって、何の特徴もないから他のものから識別してとらえる手がかりが何もなくて、とらえられないはずなんだけど、そこからむしろ逆のことが言えて、特徴によってとらえていないからこそ、とらえ間違いの可能性がない、とも言えます。識別的特徴が何もないのになぜ識別できるのか、そして絶対間違えないのか、と言えば、そもそもそれしか存在していないからです。なぜかそれが端的に与えられていて、それしかなくて、しかもただあるだけなんですね。特徴というか性格というか、何か特徴づけ、性格づけるような形とか、そういうものがないんですね。たまたま付随的に存在していても、そういうものは本質的な役割を果たさないんですよ。特徴はたまたまただあるだけなんですね。ただあるだけのものだから、これをとらえるのは、ある意味極めて簡単で、ただ〈これ〉ととらえればいい。そうすれば必ず成功するわけです。他の人ととらえ間違えたりする、ということは絶対にない。なぜかって、〈これ〉しかなくて、〈これ〉がすべてだから、です。

それにもかかわらず、この図で言うと（一三二頁参照）、この中の一人の人でもあるわけですね。これがまた不思議なところですね。他の人々から識別できるような特徴を持った一人の人でもあるんだけど、そういうふうに特徴づけられないものである。ということが、まさにナーマ、ルーパとニッバーナが一緒だという話と、同じ構造の話なんですね。同じことだとは言いませんけどね。同じことだと言っちゃうと、あまりにも話がうまくできすぎて、辻褄が合いすぎなので、構造的には同じ話だということに一応しておきます。

別の言い方をすると、さっきしゃべった時にも思ったんだけど、これってアサンカタですよね。つまり、条件づけられたものではないですよね。有為《サンカタ》と無為《アサンカタ》という対比がありますが、「ア」は否定の接頭辞で、有為というのが条件づけられたもののことで、無為というのが条件づけられていないもののことですね。あらゆるものが全部有為ですよね。私がこの顔をしているのは、親から遺伝子とかを受け継いで、なんでもみんな原因と結果の関係で繋がっているんですね。だから、有為です。この人が私であるってことは、実は無為なんです。私である、ということには何の根拠もなくて、他のやつが私でもよかったし、私なんていなくてもよかった。永井均さんということの人が存在しても、その人は私でなくただの人でもよかった。私が存在する、ということには何の根拠もなくて、何の原因もないんです。コウザリティー（因果性）がないわけです。

そうすると、これが無為だとすると、この話は、ちょっと話がうまく繋がりすぎだという気もするけど、きれいにあてはまって、最初から、この私であるということと、ニッバーナと言っちゃうと言いすぎでしょうけど、有為・無為で言えば、無為であることとが重なりますね。

藤田　「無我」ということも言いましたよね。無我というのは、これは特徴がないという意味に書き換えられるんですよね。

永井　そうそう。途中で有為・無為の話になっちゃいましたけど、「我」というのは、複数の意味がありますよね。我というのは、さっき言った、何であるか、誰であるかを識別させるような特徴や個性と、それに基いて成立する我欲や我執の意味でもありますからね。それで、自分自身をとらえる時にも、だいたい自分のある特徴によって理解してますよね。自分はどういう種類のものだとか、どういう主張を持っているとか、どういう問題をかかえているかとか、そういうものが私だと。何家の何代目の何番目の子で、とかいうのもあるでしょうけど。人によってどこで自分をとらえるかは違うけど、何か自慢したいものがあればそれでとらえるかもしれないし、逆に、何か否定的な要因で自分をとらえるとか。ともかくそういうふうにとらえてますよね。それは無我じゃないわけですよね。

だけど、私の成立というのは、実は無我の段階で成立していて、我、エゴというものが成立するのは、むしろ他のものとの関係で自己自身を規定するといったことが行われた後ですね。少なくとも英語でいうセルフというのはそうです。セルフの意味で自己や自我というのをとらえると、そういうふうに反省的に成立するんですけど、ここで言っているのはそうではないですから、何の根拠もなくただあるだけのものです。ただそうである。なぜかはわからない。

さっき現在との類比で言いましたけど、なんでここが今で、さっきの時間が今じゃないんだ、と言っても根拠は何もない。現在もまた非因果的な、無為なる存在です。世界の存在そのものもそうですけどね。宇宙の内容がどうなっているかと関係なく、それはともあれ存在しますからね。

藤田　本当のところは、私も今も内容とは関係なくただ端的に存在しているということですね。

永井　内容と関係ない。今しかじかのことが起こっているから今なんじゃなくて、なぜか端的に今であるだけです。今起こっているしかじかのことの方はそのまま過去になりますけど、過去になっても中身はまったく同じで、しかじかのままです。内容は今であることと関係ない。だから、今というのは内容とは全く無関係に端的に成り立っているんですね。私も本当はそうで、私の存在は中身と関係ない。

藤田　そうすると、普通の仏教の文脈とは全然違う意味の「無我」ということになりますよね。

永井　これは仏教に限らなくて、ほとんどあらゆる考え方が、「我」とか「自我」とかをとらえるときに、最初から一般的なものとしてとらえているんですよね。つまり、それぞれの人が自我を持つとしか考えられていないんです。これは仏教だけじゃなくて、あらゆる考え方が全てそうです。主体と客体とか、心と物とか。心というもののいちばん深い所にはアーラヤ識があるとか。そういう一般論しかないんですよね。最初から問題をとらえそこなっているじゃないですか。だって、そうじゃなくて、問題は、生き物がたくさんいる中で、なんでこいつが私なのか、ということじゃないですか。その問題をここに入れると、無理由で無本質で無原因なものがあることを認めざるをえなくなるんですよ。ここに注目するということが、私の勝手な考えなんですけど、こういう仏教的な問題を考えるときにも不可欠だと思うので、自分のこの勝手な考え方を投入して理解するんです。あらゆる問題は実はこの問題と関係していると思っているので。

無明から明へ――パラダイム・シフト

藤田　僕としてはすごく面白いところに入ってきたなと思っているんですけど、例えば煩悩論は、その議論の中だと、どこに収まりますか？

永井　煩悩というのは、悪い意味が入っています？

藤田　僕らは根本的な誤解にもとづいて自分のストーリーを作ってしまいますよね。その中で良い悪いというような二元的価値判断をして、それに振り回されて、自分で自分を苦しめているというような事態全体を、煩悩といいます。

山下　無明のほうがいいんじゃないですか？　全てのスタート地点としての無明がどこから始まるのか。

永井　それは、さっきの内山さんの言い方を借りれば、この自己を、「アタマの展開した舞台のうえに……その一員として投げ込んでしまう」ということですね。世界の中に投げ込まれれば、当然そのヤリトリの中で、善し悪しというのが起こりますよね。

藤田　はい、そうやってあらゆる形態のすったもんだが起こるわけですけど、それは元をたどれば、自己の独特のあり方を見失っているのが原因になっているんですかね？　自己をとらえそこなって、みな同じように自我として存在している、というように思いなしてしまう。

永井　見失うというと、見失っちゃいけないみたいだけど、見失うのは当然ですよね。だって、他の人から見て、私はそういうものには見えませんからね。だから、そういうふうに扱ってもらう可能性はないわけです。みなこういう顔とか色々な能力とか、そういう特徴を持つ者として扱われて、その特徴なんかで優位に立ったりすることによって、この世の中でうまくやっていこうとしますね。私もそうです。そういう世界を生きるわけです。そうやって生きること自体を否定しているわけじゃなくて、当然そうなっているんですよね。そうならないということは普通ありえないんだけど、ただ、そうなっているってことは、こっちから見れば、ただそうなっていますよ、というだけのことだ、と（笑）。

藤田　禅の語録の中に、『洞山録』というものがあります。洞山は「我」と「彼」という言い方をするんですけど、この彼は、たぶん永井さんで言えば〈私〉にあたるものを指しているんじゃないかと僕は思っています。この「彼」というのは、自分の外側にはなくて、いつでも私と一緒に生きていて、他の人からは区別がつかないわけです。僕が普通に「永井さん」と言ったら、「彼」じゃなくて特徴を持った「我」、大学の哲学の先生で本をたくさん書いているっていう永井さんのことを言っていることになるんですけど、そういう属性とは全く関係のない「彼」というものがあると言っている。洞山の「我」と「彼」、永井さんの「私」と〈私〉はもしかしたら同じ事態を指しているとしたら面白いなと、いま思ったりしました。

永井さんのプロジェクトとしては、仏教のいろいろな教義を、みなここの議論にリンクさせてみたらどうかということですね。

永井　そうですね。

藤田　そうすると、さっきの良道さんの話だと、これが「青空」ですか。

永井　そうです。

藤田　怖いくらいぴったりあてはまりますね（笑）。

永井　図式としてはまさにぴったり。中身が本当に同じかどうか別として、形状はぴったりです。ちょっとまずいかもしれない（笑）。あまりぴったりだと。

藤田　良道さんは、それに関してはどうですか？

山下　はい、聞いていると、全く同じことを言ってるなという感想しかないです。それと、一照さんが盛んに煩悩とか言われて、それは煩悩というより無明じゃないかと私も言いましたが、要するに、悪い物語の始まりというのがあるわけですよね。あるとんでもない根本的な誤解から、悪い物語が生じてしまった。自分とは何かに関する根本的な誤解。外から見てしまったものを自分だと思ってしまった。そうしたら、そこから始まるのは好き嫌い、きれい汚いの世界だから、追いかけたり、逃げたり、争い合うしかない。でも、自分とは何かの正しい理解に戻れば、煩悩が成り立つ根っこの部分がなくなる。一生懸命、性欲や、名利の欲を押さえるとかいう話ではなくて、そういうものが成り立つ根っこの部分がなくなってしまうということ。

藤田　永井哲学が本当にわかれば、「無明」が「明」に変わる（笑）。例えばね、さっき僕が心を入れ替えるといったようなことなんだけど、それっていうのは、今やっている説明のような理知的な吟味の作業で遂行できないですかね。例えば、ブッダの最初の説法を聞いた五人の人は、最後にはわかったと言って、法眼が開けたということになっているわけですね。あの人たちは別に長年坐禅したわけではない。ブッダの説法を深く理解することで無明から脱することができた。

山下　五人は瞑想してたでしょう。

藤田　それはそうだけど、でもブッダの教える瞑想じゃなかったでしょ。あの人たちは、それ以前は違うパラダイムの中で瞑想していたと思うけど、ブッダに会ってまったく新しいパラダイムの話を聞いた時に、全然違う次元に眼が開いちゃったというようなことが起きた。認識がラディカルにパッと変わったということですね。だからそれは、長年の苦修練行の成果としてではなくて、ブッダの話を素直に聞いたらそれがわかったということですよね。もちろん機が熟していたということはあったと思いますけど。あの時ブッダも、「コンダンニャがわかった、コンダンニャがわかった」と喜んだそうじゃないですか。もちろん、単に頭でわかったってことじゃなくて、肚でわかったというか、体得したというようなレヴェルだと思うけど、それは必ずしも長年坐禅しないとわからないという話ではないよね。むしろ、そういう認識上のパラダイムシフトが起きてから、かれらの坐禅修行が始まった。

山下　そうそう。例えば、サーリプッタという人が、ブッダに会う前に、ブッダから直接ではなく、その弟子からブッダのある偈文を聞いて、それだけでパラダイムは変わってしまった。そういうことは大いにあり得る。仏典の中では、ブッダがダルマの話をしている間に、聴衆が次から次へ悟っていったというのは、このパラダイムが変わっていったということです。そしたらもう、むりやり欲望を抑えるとかではなくて、欲望そのものがベースからなくなってしまっているということですよ。

藤田　欲望があるのにそれをむりやり抑圧して我慢しているという話ではなくて、もっと土台の枠組みのところから変わってきているということですね。だから、いろいろなやり方があると思うけど、ちゃんと言葉やこういう図を使って、別に仏教の独占物としてじゃなくて、こういう素晴らしいまったく別の考え方があるよくらいのことでいいんだけど、こういう自己についての踏み込んだ理解が一般に常識として広がっていけば、もうちょっと仏教に対する受け入れの態勢というのが調ってくると思うんですよ。今ここで論じられているようなことは、これは別に「宗教だ」といって敬遠してすむようなことじゃないです。学校で教えてもいいくらいの一般教養だと思う。

山下　今は、これなしにヴィパッサナーが行われているんです。只管打坐だって、これなしで行われているじゃないですか。何にも説明なしに、「おまえ、ただ坐れ」って言われている。ヴィパッサナーだって、何にも説明なしに、「呼吸を観察しなさい、体の感覚を見なさい」と言っているだけです。その結果、みな今までのパラダイムの中でだけでやっている。だからまず、一照さんがずっと言っていたように、このパラダイムそのものを、世界観そのものを根本的に変えていかなきゃいけない。それは、こうやってきちんと論理的に説明すれば絶対できるはずなんですよ。その上で坐禅やヴィパッサナーをしてもらわないといけないですね。

〈仏教4・0〉へ

藤田　永井さんは哲学として論理的に話を進めているわけですけど、良道さんの場合、「ナーマ、ルーパ、すなわち、ニッバーナという、すごいことが起きているんですよ」と言っちゃうのは、それで反論とか出てこないですかね。

山下　まあ、反論されることはありますね（笑）。

藤田　これはロジックですか？　普通とは違うロジックだと言えばいいですけど、さっき瞑想の中で見出したということを言われましたね。これは違うロジックというより、違う前提と言った方がいいので、これのどちらを取るかは、「アップ・トゥー・ユー（あなた次第）」。もちろん、前提が違えば旅の景色は違うから、どっちの景色が好きですかと聞くのは大丈夫だけど、どっちが正しいかといったらおさまりがつかないんじゃないですか。

山下　それは無理ですね、説得するのは。

藤田　「あっちの水は苦いよ、こっちの水は甘いよ」というふうに、本当にこういう前提でやると、こういう景色になりますよと説明して、そのあとはどちらでやるかはあなた次第、ということになるよね。これは、2・0と3・0の違いは、正しいか正しくないかという言い方を良道さんはしているわけだけど。少なくとも、永井さんの考えていることは、3・0的な方がより近いよね、2・0的な立場よりは。僕もその立場だと思うけど、こっちの方が正しいと言ってしまうのはどうなんですかね。だって、圧倒的に少数なんじゃない、3・0は？

山下　正しい、正しくないという問題に関して言うと、我々はヴィパッサナーとか只管打坐を何の説明もなしに、何のパラダイムの転換もなしに、さんざんやったわけですよ。ヴィパッサナーには何千年の歴史があるし、只管打坐も道元禅師以来七百年やってきているわけですね。それで、パラダイムの変換もなしにやることがあまりにもつらいことが、それはみな身に染みていると思うんですよ。だから、いきなり呼吸をみたり、体の感覚を観るのではなくて、パラダイムが根本的に変わった3・0の文脈をきちんと理解したうえでやっていただくと、もう面白いくらいに体の感覚が見れるし、面白いくらいに呼吸が見れてしまう。そういうことを体験してもらうのが一番ではないかと。そうではなくて、パラダイム変換なしに、これ以上ヴィパッサナーをやっても、これ以上只管打坐をやっても、ちょっとつらいだけでしょっていうことです。

藤田　さっき出てきた、初転法輪を聞いた五人とかサーリプッタとかは、そこまですでに問題意識が熟していて、ブッダの説法のポイントがつかめた途端にガラッと変わることができたと考えれば、そういうことはあるだろうなと思いますね。もう一つ、永井さんが、瞑想をやった時になぜだかうまくいったんですよ、ということを書いている。それはたぶん、瞑想にかなった考え方に立ってやったからですよ。「正見」でやったからじゃないかと思うんですけど、どうですか？永井哲学が仏教の修行を助けていたっていうか。そういう感じってありますか？

永井　それはあるんですけども、仏教から見てどうなのかっていうことは本当は謎で、そのことはぜひうかがってみたいところです。だって、仏教の考え方じゃないじゃないですか。

藤田　でも、面白いくらいぴったりじゃないですか?。

永井　それでいいんですか?　僕はその点に関しては全然責任が持てなくて。

藤田　責任を持っていただく必要はまったくないですよ（笑）。

永井　どの仏典にこれと同じことが書いてあるとか、全然そんなことはなくて、それは興味もないし、仏教徒であるわけでもないから、全然そんなことは関係ないわけです。これ本当に仏教なの?　そうなの?　っていうね。

〈私〉が仏だとか、ブッダだとか、そういう言い方はどうなんでしょうか?〈私〉がすなわち仏なんだ、っていう言い方をしていいんだったら、言ったことになりますけど、それってホント?　っていう……（笑）。

藤田　自己というか〈私〉がそういうあり方をしているのは、永井さんもずっと言っているように何の根拠もないんですよね?　そもそも何でそうなのかっていうように、それから前を問えないような、そのくらい根本的な根拠なしの始めからの事実であるということですよね。われわれが始めからブッダであるというのも、そういう意味の始めからじゃないですかね。

永井　そうそう。でも、だからといって〈私〉がブッダであるとまでは言えない?

藤田　僕は寡聞にして、仏典の中で永井さんの言うようなことを正面から論じているものは見たことがないです。内山老師にもその観点はないですよね。ここまでしつこくというか、精密に考えているのはないというふうに思っているんですけどね。「自己ぎりの自己」とか「今ぎりの今」というのは、内山老師が発明した表現なのかな?　内山老師の師匠の澤木老師かな?　この「ぎり」というのは。

山下　澤木老師でしょ。澤木興道老師から来ている。

藤田　単に「自己」と言わないで、「ぎり」とわざわざ強調しているっていうのは面白いですよね。そう言わないと気がすまない何かが内山老師の中にあったんでしょうね。そこからさらに奥に踏み込んで、永井さんが明らかにしているような面白い自己の構造の問題なり、それがどのようなことを暗に意味しているのか、その広範な広がりをさらに追及するといったことまでは、内山老師もやってないとは思いますけど。それは僕らに課せられた宿題でしょうね。

山下　だけど、そういうことを言ったら、道元禅師の『普勧坐禅儀』も、最初にでてくるのが「道本円通」ですよね。「道本円通」ということが大前提になっている。いきなり、道本円通だからこうだよね、と始まるわけです。でも「道本円通」って誰が決めたんですかという話でしょ。だけど「道本円通」が、こういうナーマ、ルーパがそのままニッバーナであるという話であるとわかれば、全部あそこで決まっちゃうわけですよね。そうすると、『普勧坐禅儀』が読めちゃうんですよ、きれいにね。だから、一照さんは仏典の中にはないって言われるけれども、私は逆に、こういうパラダイムから読まないと仏典っていうのは読めないと思います、少なくとも大乗仏典は。

藤田　仏典の中にそういうパラダイムがないと言ったのは、超特別に異なっている特異点としての〈私〉のことは考えられていないという意味です。

山下　ああ、そういうことね。

藤田　だから、「青空」と「雲」というのは、別に良道さんが発明したメタファーではなくて、昔からあるようなもので、その考え方は、「道本円通」もそうだし、大乗仏典であるからには絶対それを踏まえているからね。でも、永井さんの言うこの〈私〉という観点は、これまでの「道本円通」とか、「色即是空」とか、「仏性」とか、「本来成仏」という議論の中にはたぶんないと思います。

山下　でも逆に言うと、それだから「道本円通」も「色即是空」も分かんなかったわけですよ、今まで。ピンとこなかったわけですよ。だけど、こういうふうに考えていったら、もう本当にわかるじゃないですか。そうしたら自信を持って、ああ、本当に道本円通なんだ、色即是空なんだなってね。全然違わないですか？

藤田　いや、それはそれでいいんですよ。良道さんと二人で意見が一致して、よかった、よかったでいいんだけど、こうして永井さんが二人の間に入っているってことは、この「無我」にしても、「無為」にしても、「道本円通」にしても、あの〈私〉のところにみんなつながっているコンセプトとして再解釈したら、もっと3・0が強力になるかもしれない、あるいはもしかしたらその逆で、破綻するのかもしれませんが、それはまだわからないけれど、とにかくとてもダイナミックで面白いことになるんじゃないかと、僕はそういう関心があるんですよ。

やはり僕にとっては特別興味があることなんですよ、永井さんの考え方がどう仏教につながってくるのかということは。永井哲学を仏教にどこまで取り込むことができるのか、もしかしたら永井さん自身はそんなことに全然関心がないのかもしれませんが。たとえばウィルスというのは細胞の中に入って、その細胞の中のＤＮＡを使って自分のコピーをじゃんじゃん勝手に増やして、いっぱいになると外に飛び出して宿主の細胞を壊してしまうといいますよね。ウィルス進化説というのがあって、実は進化というのはウィルスがやっているんじゃないかと。そう考えないと、ランダムな突然変異による試行錯誤でこれほど短時間にここまで上手く進化できるはずがない。だから、ウィルスが上手に遺伝子工学みたいなことをやって進化を起こしているんじゃないかってことが言われたりしています。この説がどこまで正しいのかわかりませんけど、その話をたとえに使えば、永井哲学ウィルスみたいなのを仏教に入れて、中で仏教の教義を変えていってどんどん増殖した時にどうなるか、それを見てみたい。もしかしたら、これまでの仏教が死んでしまうかもしれない。それはそれでいいんですけど、もしかしたら、新種の、もっと新しい、これからの環境に適応できるような、今までとは全然違うものが出て来たら面白いなというふうに思っているんですよね。爬虫類が哺乳類に進化したみたいな大進化が仏教に起こったら面白くないですか？　ひょっとしたら３・０を超えて４・０ができるかもしれない、なんて真面目に思ってるんです。

◎質疑応答

――今日のテーマの「自己ぎり」の話と「ぶっつづき」という話の間の矛盾しているものを繋ぐということに関して。先ず第一図的な、まるっきり仕切られた独在的なもの、それが結局、他にもあるというところに、やはり考えとしては至って、独在的な〈私〉が、別のあり得ないはずの独在的なものに対して友情的なものを感じるという言い方をされていましたけれども、それがイコール最後の第五図的な、生命を媒介にした構図に繋がると、そういう考え方でいいのかどうか。

藤田　そういう言い方をしたのは永井さんなので、永井さんお願いします。

永井　友情?

――友情というのは別の言い方ですけども、徹底した「自己ぎり」、そこからカボチャの蔓的なものに繋がっていくような考え方というものは、独在的なB以外に、なおかつCにもDにもAにも、あるはずのない独在性があるという考え方から来るんでしょうか?

永井　超越者ですね、超越性があるということですね。これって、いろいろな宗教的な考え方の中にある超越と同じですね。キリスト教とかユダヤ教とか、例えばマルティン・ブーバーの『我と汝』とか。その「汝」は最初は人どうしですけど、結局は神ですよね。こういう構図の中に、超越性のパターンというか、神性というものが完全に現れているんですよね。だってこれは届かないものですからね。届かないものに届くっていうのがね。届かないものとの繋がりこそが、本当の繋がりだと。そういう宗教思想の原型のようなものがここから出て来ますよね。

藤田 そういう根本的に届かないものというのが、本当の意味の他者なんですね。

永井 そういうことですね。

藤田 でも、そういう話は初めて聞きました。

永井 そうですね、いつも心密かに思ってますけど(笑)。

藤田 じゃあ、今日はそれだけでも儲けものですよ。そういう話は今までどこでも読んだことがないです。

――そのレヴェルでの他者というのはやはり厳然としてあって、むしろなきゃいけないと。

永井 ええ。しかしこれは、「慈悲の瞑想」もそうだけど、一種の祈りの言葉に近くなるんですよ。「慈悲の瞑想」は一種の祈りですよね。普通の言葉とは違うんですよ、日常の言葉とは。

――でもさらに、その根底の部分では繋がっているぶっつづきの生命があるけれども、その上に位置している独在者同士に関しては、その根底にぶっつづきのものがあるとしても、やっぱりそのレヴェルでもっては徹底的に断絶しているという現実は、これは変わらない?

永井 そうではないです。根底のぶっつづきっていうのは内山老師の思想ですよね。根底にぶっつづきがあるっていうのは、生命が蔓で繋がっているみたいなイメージがあると思うけど、僕はそうは考えてなくて、カボチャが蔓で繋がっているという話の僕の解釈は、第六図までいってから反転するって解釈で、それはかなり強い解釈を入れているわけですね。強いっていうのは、独自の解釈を、ってことで、内山老師ご自身がそういうふうに考えていたかどうかっていうのは謎ですけど、そうなるはずだ、みたいな感じですね。これは古典の解釈をする時のやり方の一つの形で、内山さんももう古典ですから、私としてはこう感じて、そう読まざるをえない、そう読むべきだ、ということですね。本当にそう言っているかどうか。まあ、言ってないと思いますけど、理のあるところに従えば必ずそうなるはずだ、というようなことですね。

山下　私は言っていると思います（笑）。

永井　それは素晴しい！

山下　言ってほしいと。もし内山老師が言っていなければ、弟子である私と一照さんがこれから言います（笑）。

――永井先生に質問なんですけど、独在点としてのBというのが、特徴がない、まあ「無我」であるということは、言語の作法から言ってみれば外れてるんじゃないかと思うんですね。ゆえに、古来の哲学者は、これを指摘し得なかった。で、われわれがここで理解してるっていうのは、言語上のインターアクチュアルな理解を実は超えてるんじゃないかと思ったんですが。いかがでしょうか。

永井　その通りだと思います。

藤田　お二人で話が通じあってますね（笑）。

永井　実は、内山老師の、第三図で、「コトバが展開した世界」がこうなるというのは、深く読むと非常に素晴らしいことを言っているんです。言葉だとこれになっちゃって、それ以外のあり方は言葉では言えないから、後の第五図も第六図も言葉では言えないという含意があるんですね。これは本当のことで、この話も言葉では言えないんです。言葉っていうのは、これを言わないために、言わせないために作られたと言えるくらいのものですよ。言葉の根本は、主語と述語で文ができると、それに否定と連言の操作が付け加わって、あとは時制、人称、様相が加えられて、そうやってできるわけだけど、最後の三つは、みんなこれを言わせないためのものですよね。時制がつくと、この〈現在〉の特殊性が言えなくなって、この〈私〉の特殊性を言わせないために人称ができていて、この世界こそが現実世界だと言わせないために様相がある。結局、そういうふうにヤリトリをするためにうまくいくようなものとして言葉はできていて、言葉で普通にヤリトリをする時には、この話はできないようになっているんですね。

藤田　言葉を使っているわれわれは、そういう変なカラクリの罠に掛かっているということを、何となく記憶に留めておくのがいいかなと思います。そして、仏教を学ぶ時に、それと繋がらないだろうか考えてみる。さっきも言ったように、仏教３・０の中にウィルスとしてこの議論を入れてみたらどうなるんだろうと僕は思っていて、その関心だけでもみなさんに共有していただければうれしいです。

第三章　死と生をめぐって

心の二相論をめぐって

藤田　今回は三回目ですが、全体を真っ二つにするというよりは、後半をメインディッシュにして、前半はどちらかというと前菜のような位置づけでやろうということで事前の打ち合わせをしました。最初に三人がそれぞれこれまでの総括というか、これまでの議論を通して見えてきた現時点での眺めみたいなものをそれぞれの言葉で簡潔に述べて、他の二人がその人の話したことをバックアップする形で肉付けしていきます。そして後半は、「死」というテーマに関して、三人がそれぞれ短いプレゼンをしたあとパネルディスカッション的な話をするという流れで進めていきたいと思います。

では、僕が最初に口火を切らせていただきます。まずは繰り返しのようになりますが、そもそもこの三人がどうしてこの場で鼎談をすることになったかというところから振り返ってみたいと思います。僕は子供の頃から自分や宇宙の存在に関するある疑問のようなものをかかえていて、それで最初は哲学をやろうと思って大学に入ったんですけど、挫折というか、自分の知りたいことと大学の哲学の授業とがどうもよくつながらないということで、けっきょく心理学を専攻することにしました。そこで得られる「科学的」知見を材料にして、哲学を自分でやろうと思ったんです。でも、そこでもこれでは無理だなということがわかりました。西洋の心理学では僕が問題にしたようなことがどうも問題になっていない、と。それでいろいろ紆余曲折を経て禅に出会い、悩んだ挙句、大学院をドロップアウトして僧侶になり、今は仏典や道元禅師の書かれたものを手掛かりにしながら、坐禅を中心にした行を通して自分なりの「哲学をやっている」わけです。

そういう流れの中で見つけた永井さんの〈私〉や〈今〉をめぐる議論ってすごく面白かったんですね。とても惹かれました。仏教の中でも永井さんのような角度からの議論はなされていないんですよ。仏教の中で、例えば道元さんの「仏道をならふというは自己をならふなり」という有名な文句がありますが、そこで言われている「自己」ということなんですけど、この自己という言葉の理解の中に、永井さん的な視点はおそらくないと思います。でも、そこに永井さんの〈私〉と「私」をめぐる議論を入れたら、すごく自己というコンセプトがダイナミックに動き出す感じが、直観的にですけど、しているんです。それで仏教書を読むかたわら、永井さんの書いたものを読んで、自分の中で勝手に両者を突き合わせたりしてきました。ある時、僕が朝日カルチャーセンター新宿でやっている坐禅の講座に、どうも永井均らしき人物が参加されていて、聞いてみたらなんと永井均さんご本人だということでした。こうしてそれまで本でしか知らなかった、いわば「憧れの人」と直接お話ができて、それ以降は急速接近という感じで、先ず二人での対談が実現し、それから良道さんも巻き込んでこの連続鼎談という流れになっているんです。

仏教には「無我」とか「無常」という中心的教義があります。無常というのは、時間論というか、時間的な次元についてのテーゼというか教義ですし、無我というのは、自己存在、私に関するものですよね。それで永井さんがずっと探究してきた二大テーマというのは、時間というか、〈今〉というものの不思議さと、自己、〈私〉というものの不思議さなので、僕は、仏教の無常と無我というところに繫げることができるだろうと思っています。つまり、無常というのは、全てのものは移り変わっていくということで、無我というのは、私というものが実はないということだ、という僕らの単純で平板な理解に、深みというか陰影というか、より豊かで面白いものをつけ加えるようなことが、永井さんの議論とドッキングさせることで可能になるんじゃないかと、僕はいま思っています。そういう形でずっとこの二年くらい、直接お話しする機会があったので、事前の打ち合わせと称して、ざっくばらんに僕の聞きたいことをいろいろ聞いて、いわば役得で勉強させてもらっています。

この間の打ち合わせの中でくり返し出て来たある言葉があって、それを紹介して、今回の鼎談の大きなテーマにしたいと思います。打ち合わせの時に「虚偽意識」という論点が永井さんから出てました。虚偽意識論というのはマルクス主義的な用語らしいです。僕と良道さんの、仏教1・0、2・0、3・0という言い方は、これは数字にはたいして意味はなくて、単に区別するためにつけた便宜的な符牒のようなものです。で、2・0と3・0の大きな違いというのは、どこで仏教を理解するかという点にあります。この「どこで」というのは、どういう主体が、あるいはどういう心で、というふうに言った方がいいかもしれないですけど、二つ区別して想定しているんですね。それを非本来的と本来的という言い方をしてもいいかもしれない。これはマルクス主義の文脈からは外れていますけど、虚偽意識と、それと対の言葉をここで仮に作るとすると、真正意識という、そういう二つのものを想定できるのではないか。永井さんの言い方で言えば、「私」と〈私〉というような二つの想定ですね。良道さんだと、「雲としてのわたし」と「青空としてのわたし」ということになります。

僕が最近よく使う言葉ですけど、「心の二相論」といって、心のあり方を二つ想定するというのが、仏教の常套の議論の進め方です。「小心」と「大心」というペアで言ったり、「妄心」と「真心」と言ったり、いろいろなペアの用語が仏教の中に、それぞれの学派とか経典とか仏教者によって言い方は違いますけど、そこに共通した、心に二相、二つの姿があるという認識があります。大事なのは、虚偽意識から真正意識へでもいいし、「雲」から「青空」へでもいいし、小心から大心へでもいいんですけど、前者から後者にシフトするということが重要視されているということです。仏教を理解するためのパラダイム、あるいは修行を実践するためのフレームそのものがシフトしなければならないということです。僕らは、それをシフトさせないでこれまでの古いパラダイムやフレームのままで、その内側で何とか辻褄を合わせる形で仏教を理解しようとしたり、瞑想したり坐禅したりしがちです。そのことに大きな問題があるのではないか、というのが、僕らの仏教3・0論の大きな一つの主張になっています。ですから、虚偽意識と真正意識、本来的と非本来的というような対照のさせ方が一つの問題になります。

打ち合わせの時にもう一つ議論になったのは、ではどうしてそういうふうなことが起こるのか、ということです。心なり、パラダイムなりを二つに区別するんですけど、それぞれのあり方には特徴があるわけです。それはどのようなものなのか。非本来的に生きているとどういう世界が展開し、どういう問題が生まれてくるのか。それぞれのパラダイムの特徴なり特質なりをよく知るということ。それと、その二つの関係ですね。何が本来的なものを非本来的にするのか、何で二つの在り方が出て来るのか、ということを解明しなければいけないわけです。そこで注目すべきことが、思考とか言語の働きという問題です。永井さんは、言語がある意味で本来性を覆う、隠す働きをしていて、しかもその隠し方が非常に巧みで、よほど注意深く調べないとどれほど見事に、巧妙に隠されているかということが見抜けない、と言います。言語が描き出す世界が本当の世界のように思えてしまう、ということを著書の中でいろいろ議論されていますが、そういう点について今回もっとつっこんで議論できればと思います。

たぶん僕が今ざっと言ったアウトラインに沿って、前半はこれまでの総括的な話、後半はメインメニューの死をめぐる話が進むはずです。もちろん、話がどう進んでいくのかは実際にやってみないと分からないというところが、このライブ鼎談の醍醐味なんですけど。さて、僕の話はこのくらいで切り上げます。何か補うところはありますか？

山下　いま一照さんが、心に二相があると言いましたが、世間はそうは全く思ってないわけですよ。心というのはあれこれ一日中考えごとをしているこれを指して、当然それは一つ。私というのはそう考えている俺のことで、それで話が終わっている。こういう我々の普通の、今までずっと持ち続けてきた理解、世界観に、一回揺さぶりを掛けないと何も始まらないという話ではないですか。

それで、その揺さぶりが掛からないままに、今までの図式のままに仏教を勉強してしまうと、やはり私というのは、この私のことでしょ、ということになってしまって、この私がどうも汚れている。何によって汚れているの？　貪瞋癡《とんじんち》つまり貪りと怒りと愚かさによって汚れている。だからこれをきれいにしなきゃいけない。じゃあ、どうやって？　ヴィパッサナーによって、とかね。それで一生懸命きれいにしようと瞑想して頑張って。それで頑張れば、何となくきれいになったという気がしないでもないから、これが仏教の修行だと思い込み、続けていく。だけど、これは全部全くの妄想というか誤解の上になりたっているわけですよね。根拠のないところに何かを立てようとしている。この汚れた私をきれいにするという、非常に日常的な実感があって、その延長上で修行とか何かをしてしまう。こうなるのは、当然といえば当然なのだけど、でもそうじゃないんだよ、ということに、どう気づいてもらえるか。難しいですね。私はもうこのことしか言っていないんだけれども。その普段の実感とは全く違う世界観、自分に対する違った見方を、どう伝えられるのか、そのあたりはどうでしょうか？

藤田　そうですね。そこのところは、よく考えて上手くそれをやらないといけないですね。喩え話で、北風と太陽が旅人の外套を脱がせる競争をするという話がありますよね。北風と太陽がどちらのほうがパワーがあるかという言い争いになって、歩いている旅人の外套を脱がせた方を勝ちにしようということになった。北風は風で吹き飛ばそうとして、ヒューヒューと力づくでやるわけだけど、飛ばされないように旅人はますます外套をかたく着るようになる。だけど、太陽は全然違うアプローチをとるんですよね。陽の光を浴びせて、暑くなったので外套を着ている必要がなくなったから、旅人が自発的に外套を脱ぐわけですよ。この話は子供の時に聞いたんですけど、この北風と太陽の二つのアプローチは、仏教とか修行とかについて考える時に、非常に意味深い、なかなか本質を突いた使える話だなと思ってるんです。

心の二相論についても、「おまえが心だと考えている心は間違っている、だからそれを直ちに捨てて、もう一つの心に早く変えなさい」と、北風みたいな感じで一方的に言いつのると、それを聞く側は当然防御反応というか、免疫反応みたいなことが起きるわけですよ。その防御反応を見て、旅人が外套が飛ばされないようにぎゅっと握りしめるのを見て北風がもっと風を強く吹かせたように、さらに間違いをあげつらうというんですか、さらに脅したりガンガン批判する。そういう形になってしまうと、こちらが願っているのと逆のことが起きてしまうから、相手に防御反応が起きてしまわないように、心の二相論を上手く、太陽がやったようなアプローチで、旅人が自分から納得して自発的に脱ぐような、そういう伝え方を考える必要があります。僕は永井さんの哲学というのは、無理なジャンプがないと言うとおかしいですけど、素直に議論についていけば無理なくそこに行ってしまうような議論だと思うので、非本来性から本来性へという問題を話すときに有効に使えるな、というかすごく役に立つんではないかな、と思っています。

僕らみたいに、特に良道さんみたいに（笑）、そういういかにも仏教！　といった感じの僧衣姿の格好の人に「あなたの今の生き方は非本来的なんだぞよ」とストレートに言われると、なおさら拒否反応、拒絶反応が起こるかもしれません。だから、今働いている心の免疫系のT細胞みたいなのが作動しないような形で、生体の中に上手く入り込むような言葉とか言い方とかが必要になるんじゃないかなと思います。仏教の装いをしていない、まったく別の装いをしているけど、その本質は変わっていないような、その装いが防御反応を引き起こさないような仏教、「新しい皮袋に盛られた古の教え」みたいなことを、今ちょっと考えてたりしています。

山下　一照さんが言われることもよくわかります。たった一つの心しか信じていない人にとっては、むりやり北風を吹かせて、世界観を変えさせても反発されるだけだから、自然と無理なく議論でそこへいかせることが大事でしょうね。ただ一つ懸念するのは、人間の心には二相があるよねと、何か知的に面白い情報として受け取って、つまり単なる知的情報処理のみがおこなわれる危険性はないかな。だって、いままで一つと思っていたところに、二相があるってことは、いままでの世界観、その世界観に基づいていた生活が全部ひっくりかえることでしょう。それがひっくりかえらないまま、単なる面白いエキサイティングな情報として消費されて終わりになる可能性もあるような気がする。世界がひっくり返るのだから、防御反応は起きるの当然ですよ。それをいまさら避けることはできないでしょう。だから、私はサンガの仲間とは、毎週の坐禅会、毎月の接心のなかで起きてくるその強烈な防衛反応をふくんだうえで、しっかりお付き合いしましょうというスタンスかな。

　ただね、この問題はもう少し複雑で、いまいったように、当たり前の世間の考え方のままにこれまで生きてきて、こんな赤い僧衣姿の変な格好をした人からそれは違うよと言われて、防衛反応を起こし抵抗したとしても、そういう人たちに対しても逃げずに私は徹底的につきあうのだけど、でも果たして単に防衛反応を起こす人ばかりかというとそうでもないんですよ。どういうことかというと、世間ではこのたった一つの心が俺だよね、となっているけれども、これは何か違うんじゃないの、という違和感ですよね。それを、たぶんずっと子供の頃から感じて来た人もたくさんいると思うんです。

つまり、自分たちが本当に心の中で感じていることと、世間でこういうことになっているよ、ということにズレがあるひとたち。本当に感じていることを子供の段階では上手く表現できないし、そんなこと小学校でも論議できない。だけども、ずっと子供の頃から違和感を覚えて来た人が、この違和感の本当の正体って何？　本当の自分って何？　と自分で積極的に考え始めた時に、仏教とか西洋哲学とかに出会って、どうもこっちの方が私にとってピタッとくる、というのかな。お釈迦さまとか永井さんが言われていることのほうが、私にはピタッとくる、という人たちが確実にいるのですよ。仏教に興味をもち、瞑想をし始めるそもそもの動機がそのあたりからくる人が多いような気がする。だから逆にいうと、子供の頃からまったく世間の考え方に違和感を覚えていない人たちにむかって、いきなり心には二つあるよ、二番目のこころはこうだよ、と言っても、これはどうなんでしょう？

藤田　一つには、第一の心というか普段の心で瞑想や坐禅をすると上手くいかない、ということが一つの契機になるのではないかと思います。瞑想や坐禅を真面目にやっていると、それが上手くいかないのは単に私の努力が足りないとか才能がないとかそういうレヴェルの話じゃないな、ということを教えてくれるようなものがあるわけですよ。だから自分の失敗例から誠実にオープンに学ぶということがあれば、それは今までとは全然違うパラダイムへとシフトするジャンプ台になるんです。

だいたい「科学革命」と言われている、たとえば天動説から地動説へのシフトとか、古典物理学から量子現代物理学へのシフトなんかは、今までの枠組みだとどうしても説明のできないデータが出て来て行き詰ったところで起きているんですよね。何とかやりくりして今までのパラダイムの内部で間に合わそうとしたり、無理して事実を誤魔化したり、口実や言い訳をひねくりだして合理化して説明しないままでいるといった逃げの姿勢ではなくて、日常の経験にはそぐわないかもしれないけど、実は太陽が中心でわれわれの住んでいる地球の方が回っていると考えると、全部整合的に説明できるじゃないか。いかにも僕らからはどう見ても太陽が回っているようにしか見えないけれども、ほんとうは地球が動いていることを受け入れた方が、データが全部首尾一貫して説明できる、ということになるわけです。

ですから、そういうふうに誤魔化さないで、今のパラダイムの綻びみたいなものをちゃんと正直に取り上げて、自分の前提を疑ってみるという勇気ある一歩を踏み出す。そういう新しい眼で見なおしてみると、これまでいろいろと教わってきたこと、例えば仏教も違って見えてくるし、いろいろ不明だったことが腑に落ちてくるという形で、段々別なパラダイムの方に目が向くということはあり得ると思います。永井さん、どうですか？

〈私〉から「私」へ

永井　もうそこで次に入っちゃいましょう。要するに、最初、一照さんが、虚偽意識と真正意識とか、本来的と非本来的とかいう話をされましたけど、僕は二相性の話をする時は、特にどちらかが本来でどちらかが非本来とか、どちらが虚偽でどちらが真正でとかいうふうに、価値的にどっちがよくてどっちが悪いとか、そういうふうに考えていたわけではないんですね、最初から。ただ単にそういう違いがあるぞ、と思ったんですね。事実としてそういう区別があるぞ、ということなので、別にどっちがいいとか悪いとかいうことと関係なく、事実として端的にそういう違いがあるということを、ずっと昔から感じていて、それで哲学の中でもこのことがはっきりしていないんじゃないか、ということを、いろいろ言って来たわけです。

この問題が、仏教とも関係してくるというのは、後から分かったことで。本当に関係しているのかは分かりませんけれど、とにかくしているんじゃないかというような話は後から出てきたことで、私の実感としては、瞑想をする時に役に立つというのは事実です。というか、私自身は、完全にこれでやっているけど、色々な瞑想指導書に書かれていることとも矛盾なくできますから、いいんじゃないか、ということです。しかも皆さんにお勧めなのは、ずっとそういうふうにやる必要はないけれども、ある種の知的な理解から入ることができて、何をやっているのか分からないということがなくて、たぶんこの話が理解できれば何をやっているのかすごくはっきりするので、その点ではいいのではないか、ということです。といっても、この話が理解できない人もたくさんいますけど。もしこの話が理解できればこれを使って瞑想とか坐禅をやるというのはありかもしれないな、とは思います。

で、どういうところで使うかというと、ここでも何度も話して来たことですけど、もう一回、今日は復習ですから最初にちょっとだけいいますと、要するに、私というものに二種類のものがあり、〈私〉と「私」という括弧の区別で書いてみました。たぶん今まで使ってこなかったと思うんですけど、これは昔から私が使っていた表記法で、どういうわけか一照さんはこの区別の仕方が好きで、いつも山括弧とカギ括弧というふうにおっしゃるので、今日は一照さんの言い方に従って、最近私はこれをあまり使ってないんですけど、これでいってみようと思います。言っていることは、いつも言っていることと同じです。

で、この二つはどういうふうに違うのかというと、たとえば、一照さん、永井、良道さん。この三人がここに並んでいて、要するに皆さんから見れば三人、人が違うだけじゃないですか。それぞれ、ね。それでも私にとっては、そのうち一人が私なんですよね。どういうわけかこの眼からしか世界は見えないし、こいつの感じている感じしか感じられないし、口からしゃべろうとしてしゃべる時も、この口しか動かせないわけですね。この三人だけじゃなくて、この教室のみんなを集めても、こいつだけ他の人たちと全然違うあり方をしているわけですね。どうしてこんな違うやつが存在するのか、というのは、本当は謎なんですね。これって本当に謎だっていうことを、皆さんぜひ知ってほしいんですけど。なぜ謎かっていうと、このことについて、いかなる説明もできないということですね。例えば昨今だと、物理主義的な説明があって、脳がこういう状態になっているからこういう意識が生じるという説明がありますけど、それは誰だってみんな意識が生じているでしょうから、私だけじゃないでしょうから、こいつがなぜか私であるということは、説明できませんね。こいつが私であるということがどこから生じているのかは説明ができないんですよ。このいちばん肝心なことが説明がないんですよ。皆さん、それぞれご自分のことを考えていただきたいのですが、私という一つだけ特殊なものが存在しているのに、そのことの原因も根拠もどこにもないんですよ。原因も根拠もないけれども、なぜかそういうものが存在しているんです。で、その私とは何か？　といえば、世界がそこから開けている原点、とでも言いましょうか、それなしではそもそも世界が開けないという意味で最も重要なものなんで、そこにちょっと書いた言い方だと、「なぜかその目からだけ現実に世界が見え、その体だけ殴られると実際に痛く感じ、その口からだけ音が出せる唯一の生き物」とか、定義ふうに言ってますけど、何も定義的に言わなくても、なぜかそういうようなやつが一人だけいる。これは明らかな事実ですが、なぜそんな特殊な者が存在するのかは分からない。それが〈私〉です。「私」じゃないほうです。

で、もう一つの「私」の方は、何年何月に誰と誰の間に生まれて、どういう名前で、ほかの人と違うどんな特徴があって、……というような種類の個別性の話です。それぞれに自己意識があったり、我欲があったり、といった一般的なことも含まれますが。ここで言うと、一照さんと良道さんと私とは、皆さんを含めても、みな違う人ですよね。違うっていうのは、顔かたちも背格好も、指紋も遺伝子も違いますし、これまでの人生も今考えていることも違いますし、密かに抱えているトラウマも違うでしょう。これはいわゆるアイデンティティというものに通じますが、それが「私」です。ひとはたいてい、そういう何かに固執して、それが自分だと思い込んでいるわけですが、私が自分を自分としてとらえる時、私でなくても誰でも自分を自分としてとらえる時、実際にはそういうものは使っていない。実際には〈私〉でとらえるんだけど、その後すぐに「私」に読み替えて、それを自分だと思い込んで生きているわけです。人と一緒にやっていくには、これは避けがたいことです。

というのは、私以外の人は、この人のことを永井均という人だと思っていて、山下良道や藤田一照と違う永井均という人で、哲学をやっていて、〈私〉と「私」の違いといったことを考えているやつだ、と見ているわけですね。私自身にとっては実はそんなことはあんまりどうでもいい、二次的なことです。哲学をやっていて、そこでどんなことを考えているかなんてことよりも、現実にはこの目からしか世界が見えていない、この体が殴られた時しか痛く感じない、この体しか動かせない、……、私にとってはそうだというのではなくて、まさにその私の成立そのものがこの事実に依存している、ということです。つまり、実は、これしかない！　という、他の人はだれも認めてくれない事実の方がはるかに重要な意味を持っているわけです。永井均という人であるかどうかは、二次的なことです。しかし、他の人から見れば、私は永井均という人にすぎない。そう扱われて、それでやっていくしかない。永井均という人だって、他の人とはすごく違いますよ。藤田一照や山下良道と随分違うし、ここにおられるその他の人々とも随分違うでしょう。そういう違いがあるでしょうけど、それでもその違いのほうは、実は、私自身にとっては二次的な重要性しかない。もっと強く言うと、全然重要じゃない、と言ってもいいですね。誰であったとしても私だから。誰であるかは、お話みたいなものですね。

ああそうだ、カギ括弧の方を説明しながら、どちらが重要かという話をしてしまいましたけど、そのどちらが重要という時の「重要」というのは、真正と虚偽とか、本来性と非本来性というのとは、もともとは違う、そんな意味ではないですね。そうではなくて、どういうことかと言うと、もともと自分をとらえる時には、〈私〉でとらえているし、そうでしかありえないんだ、ということで、その上で、そこに「私」がくっついているんであって、くっついているだけだから、それを取り払ったって本当は大丈夫なんだと言える、という意味で本来的で根源的だと。後で死の話をする時に本来的の意味をもうちょっと詳しく言うつもりですけど、そういう意味では、〈私〉の方が本来的だったり根源的だったりしますけど、それは単にそういう意味で、まあ言ってみれば存在論的に根源的だ、と。哲学用語で言うと、価値論的に根源的というよりは、まず存在論的に根源的だ、と。価値がどちらが上だとかいう話はさしあたってしないで、しないで導入できるところがいいところなんです。この話がよく分かる人にとっては。そういうこともあるな、事実そうだな、ということが分かってもらえると後の話が分かりやすいと思います。

それで、さっき一照さんが、「平板な」ということを言われましたけれど、〈私〉が存在する世界というのは平板じゃないんですね。平板というのはどういうことかと言うと、一枚の絵に描けるということです。次頁の右の図は一枚の絵に描けますね。つまり、真ん中が丸い顔の人ですね。左側が四角い顔の人、右が三角です。たまたま座っている席に対応させて、真ん中の丸い人が私だとしましょう。これが私だったら、この眼からしか本当は世界は見えていないから、実際にはこの絵のようには見えていない。どう描いたらいいかというと、この眼から見えている世界しかないんだから、こうなるでしょうか（次頁の左図、参照）。そうすると全部これに包み込まれるから、それで一照さんも良道さんも会場の全員もこの中に入りますから。〈私〉というのは全く特

別の存在で、それ自体は見えない。むしろ、この視野そのものが〈私〉です。そして、ある意味ではこれが全てなんですね。この視野が、視野は一つの比喩にすぎないので、実際は意識野全体に広がりますけど、この視野がすべてで、その外はない、ということになります。しかし、別の意味ではですね、こいつだけがそういう特別なやつだと言うと、誰も賛成しないんですね。だって、「いや、おまえはただ永井均だ」と。「もちろん、永井均という人にも特別さはあるだろうけど、他の人にもみな特別さがあるように、特別さがあるだけだ」と言って、この特別な〈私〉の存在というのを認められないわけですよね。という意味で、これは全てであると同時に無である、ということになる。こんな特別なものなんて無いんですね。この人がそういう意味で〈私〉であるという事実はない。それは存在しないと同時に実は全てであるという、極端に違う二種の存在論的な意味を併せ持っている。これ以外には何もないというほど巨大であると同時に、実はそもそも存在していないというくらいちっぽけな、という二種類の意味です。

藤田　それが全て、というのは分かるんですけど、「無である」とか「ない」という言い方はどこから出て来るわけですか？　他の人には認められないということですか？

永井　世界の中にはない。

藤田　存在を主張できないということですか？

永井　主張できないし、もし、こいつが私でなくなって、ただの永井均という人になって、平板になるとしますよね、世界が。でも、平板になったとしても誰もその変化に気づくことはありえない。何も変わらないんですよ。客観的な世界のあり方は。こいつの意識がなくなるわけではないですよ。ただの普通の人になるだけですから、ちゃんと意識があって、普通に喜んだり悲しんだりもするんです。ただ〈私〉でだけなくなる。一照さんや良道さんと同じように、普通に意識があるだけの人になって、普通に三人の人間がここにいるだけになる。外から見ている人にとっては何も変わっていないし、この人自身も意識をもって普通に持続していますから、何も変わらない。〈私〉はもうすでにいませんから、後でやる死の話と関係しますけど、もうすでにいないので、いなくなったという変化が起こったなんてこともない。

藤田　みなさん、ここまでの議論は分かります？

永井　そして、別の意味では、端的にすべてが消滅した、ということです。

山下　これはもし描くんだったら、ここからこう描かなきゃいけないことになりますか？（次頁の右図、参照）

永井　そうですね。そして、それが世界であるわけだけど、そのことはその世界の中の人には認められない。本質的に認められない構造になっているわけです。で、こっちの世界に展開するわけです（次頁の左図、参照）。これだと各人がみな対等に世界の開けの原点になりますけど、その

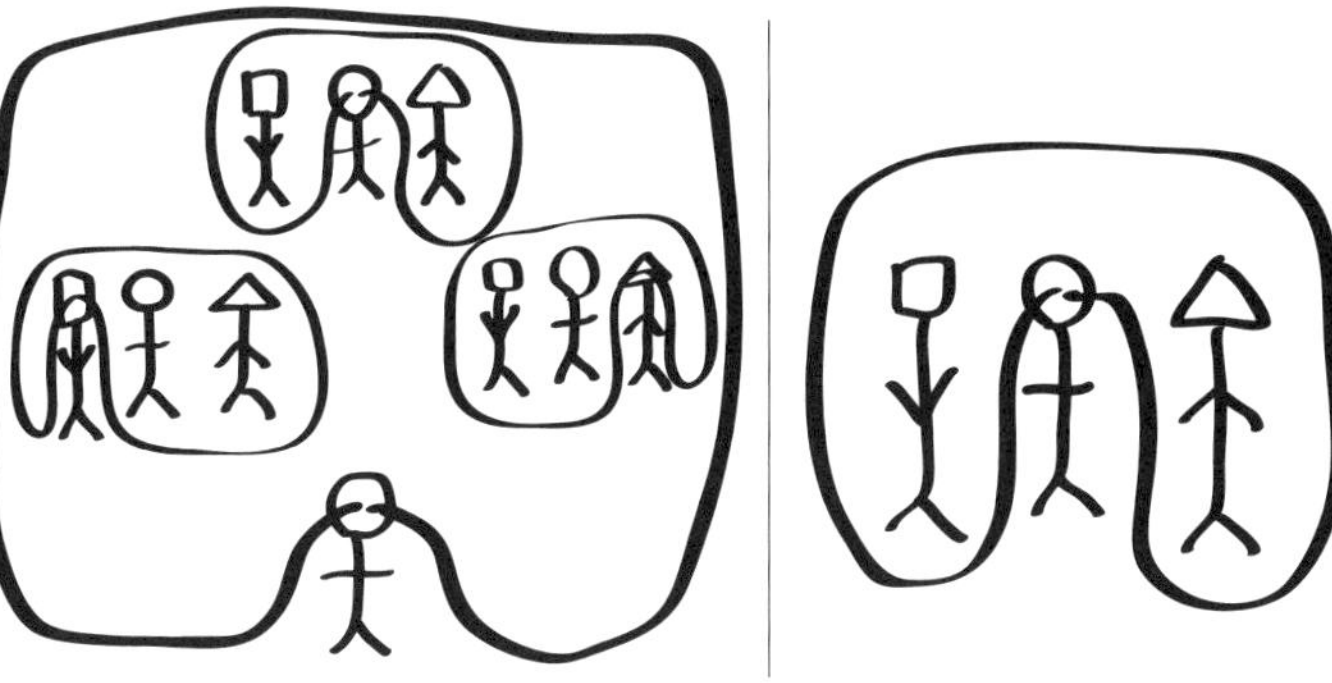

みな対等である世界はやはり私から開けている。この構造それ自体もまたみな対等な形に展開させることはできるけど、それはどこまで進んでも止まりません。これが一枚の絵に描けない構造ということです。こいつに心があるとか意識があるというのは認められますよね。そういうのは、懐疑論的な哲学者はそれも認めないと言いますけど、今問題にしているのはそういう話じゃないから、普通に心があるというのは、みんな普通にあるというふうに認めるけど、こいつだけが〈私〉であるという事実は、端的にそうであっても、誰にも認めてもらえない。というよりもっと強くて、ある意味では、ないんですよ、そんな事実は、本当に。本当にないんですよ。左の図も枠の内部だけで完結しているとも言えるんです。〈私〉は、全てであると同時にそもそも存在しないという、矛盾した二つの側面を持っている何かなんです。これは不思議なことですが、事実そうなっている、世界は事実そうなっているということが、私の言いたいことの一つです。

それから山括弧じゃなく、カギ括弧の方について言えば……。

藤田　自分についての物語を作りあげるところで、いろんな様相をまとめる……。

永井　まとめますね。要するに、単に事実を繋げていくということだけ挙げても、まとめますね。何年何月に生まれて、何とか小学校を出て、という仕方でも、ある人の人生を客観的に繋げることもできますけど、自分を、「私」をとらえる時には、自分なりの、自分とは「何であるか」ということについてのお話をというか、物語をというか、意味づけを、するんですね。これはおそらく、良道さんの「映画」という話にすでにちょっと近くて、あと、虚偽意識にも近いですね。何か自分なりにアレンジされたというか、歪曲された話を作って、自分自身というものはどういうものであるかということを作るんですね。これは大きな意味で、人生全体で私とは何か、私はいったい何であるかということに関しても、そういうお話を作りますし、それから小さい個々のやりとりとか、瞬間瞬間とか、あるいは一日の出来事なんかでも、そういうふうにとらえていくんじゃないでしょうか、我々は。起こったことを全くまっさらに、何時何分に誰かの口からこういう音が出たという感じでとらえるんじゃなくて、頭にきたとか、ばかにされたとか、そういうふうにとらえるのは、結局、私のアイデンティティにとって何かこう損傷を与えるようなことを言われたとか、物語を壊されたとか、そういうふうなところで我々は生きているということなんですね。これがお話を作るということです。

作ったっていいんだけど、それは、さっき言われた虚偽意識とかいう話ですけど、要するに虚偽というのは、嘘と言うよりは作り物ということです。作られた物だということを知っているということが、たぶんこの議論の中では重要なのではなかろうか、と思います。それで、作られた物だと知っていないと、そこに焦点が当てられないうちに、どんどんずれていって、自分というものがいつの間にかどんどん、それこそ作り物の中にさらに作り物が増殖していくみたいな状態になってしまう可能性がありますね。それで、小さなことでもすごく巨大なもののように思えるということが、よく起こるんじゃないかと思うんですね。実はたいした問題じゃない。よくよく見れば、よくよくというか、もっと別の観点から、つまり、山括弧の観点から見ると、ほとんど無に等しいというか何でもないようなことかもしれないことが、巨大にみえてくるというようなことが起こってくると思います。

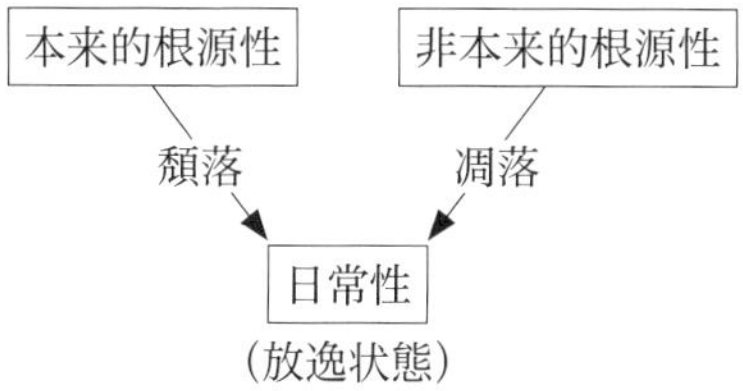

それで、プリントの一番最後に書いてあるのが、「私」を〈私〉にとも言えますが、さっき一照さんが言われた、非本来的、日常的自己を本来的自己に戻す、という話ですね。これは逆もあって、この図では、頽落とか凋落と書いてありますけど、これはむしろ〈私〉が「私」に頽落したり凋落したりするという図式で、あとで死の話のときにこれを使うつもりですが、こういうことが日々起こっているというふうに考えると、仏教というか、いまここで考えている問題と関係づけることができるんじゃないかと思うんです。

いま後半部分で言った関係づけは、僕は後から考えたんです。瞑想とかやり始めた後から考えて、こういう繋がりもありうるんじゃないかなというふうに考えたのであって、もともとこういうことに気づいた時には、こういう種類の人生についての問題とは関係なく、事実としての、世界の構造というか、そういうものが普通に言われているのと違う構造をしているのではないか、と思ったわけですから、ちょっと焦点の当て方が違ってきているんですけど、いまではこういう繋げ方も的外れではないというふうに実感するようになっているということです。

藤田　いま作り物という話が出たんで思い出したんですけど、ブッダも悟りを開いた時に、「家の作り手を見つけた」というようなことを言っていますよね。

山下　『ダンマパダ』ですね。

藤田　はい、『ダンマパダ』で、私は家を作るものを見つけたぞ、という言い方をしています。

山下　だからもう家は作らない、と。

藤田　作り手を見抜いたからもはや家は作られることがない。この家というのは、たぶんここで言えば、この「私」になるのかな。執着する自我みたいなものを指すのかもしれないですけど。それで、作り物を作る時の、家を作る時の原材料にあたるものが、言語だったり、言語で考えている思考というものになるわけですよね。それは、〈私〉から「私」に頽落するとか、凋落するというんですか、ずれたり落っこちちゃうというのは、言語の使い方、あるいは思考の仕方がまずいというか、上手くできないことが原因になるんですかね？　どうしてそういうふうになってしまうのかということについては、どういうふうにお考えですか？

客観的な世界が実在する？

永井　どうしてそうなるのかは、言語だと言っても同じことなんだけど、自分を世の中に投げ入れて、その中の一人としてみんなと一緒にやっていくには、要するに第二の世界像を受け入れざるをえないですよね。第二というか、平板な方を。平板な世界の中でやっていかざるをえないですね。ここには矛盾があります。これって実は、我々は慣れていて当たり前だと思っているから何ともないけど、実は苦痛じゃないですか。僕は最初っから苦しい。今でも苦しいけど（笑）。何か違うじゃん、本当は違うじゃん、って。

藤田　一種の違和感みたいなものですか？

永井　違和感があって、その時に、軋轢というか、歪みが生じているんじゃないですかね。当たり前のことなんだけど、自分を一人の人として、今もそうなんですけど、三人のうちの一人として、何か役割にあったことを言う必要がある、なんてことはまさにそうで。基礎的なところでは、全部作り物で、全部嘘だと言ってしまうのはあまりにもラディカル過ぎて、不可欠なものもあるとは思うんだけど、これは、上手く処理していこうとすると何かが増殖するんですよ。間違った増殖をするんじゃないですか。感じとしては、作り物の中で、さらに作り物、さらに作り物、と増殖が始まるんですね。これは最初の一回の作り物くらいなら、まあいいんじゃないかと思うんですが。しかも意識していればね。

でもやっぱり、われわれの世の中には二つの矛盾した捉え方が組み込まれちゃってるんですよ。皆それぞれ自分のことを私と言っている。変なんですよね。私って私で、みんなは私じゃないじゃん、と言ってもいいんだけど、そうは言わないで、そこはみんなと同じ種類のものとみなさなきゃならないから、スタートラインを変えて、自分を何であるか（本質）の方で捉えざるをえなくなって、本当はどうでもいいようなところで自分の属性とか持ち物に——作り物なんだけど——固執しなければならなくなってくる。何ていったらいいんですかね、歪みが生じる。

藤田　それは薬で言うと、副作用みたいな、望ましくない副作用みたいなのが、あちこちで起きているという感じでしょうか。言語や思考の副作用。仏教というのは割とそこを端的についているんじゃないかと思うんですけど。無明とか、煩悩とかもそこと繋がってくるんじゃないですか。そういう本当のものじゃないものを知らないうちに作ってそれを本当だと思い込んでしまう、言葉の働きがあまりによくできているので。でも永井さんはそういうことを見抜かれたというか、別に宗教的な価値観の話じゃなくて、事実としていったいそれはどうなっているか、本当のところはどうなんだろうという、それこそ哲学的な論理に寄り添って、こういう独特の解明をされている。それもやっぱり言葉でしているわけですよね。

永井　そうですね。この話はまた別の話かもしれないですけど、言語がそういう、ものすごくフレキシブルで、これまで全く考えられたことのないようなことを考えようとしても、言語で考えられるというのは、それは大変なことですよね。言語というものの成立が本当は何を成し遂げているのかは、我々は本当は分からないですよね。我々はその中にいますから。基本的にはこの話をした時に、この話は本当は通じる話じゃないじゃないですか。だって、〈私〉といったらこの私一人のことであって、みんながそれぞれそれは自分のことだと理解しちゃったら、この話は壊れるはずなんですね。この話は、突き詰めれば、普通の言語の使い方の中では、壊れる話になっているんですね。それにもかかわらず、通じる面もあるわけでね。とても不思議なコミュニケーションがなされていることになります。

藤田　僕はその話を分かったような気がしていますけど（笑）。

永井　そうなんですよね。この話って不思議な話で、これをみんなが理解しちゃったら、この話じゃなくなるようにできているのに、みんなに理解してもらえるようにできていたりもするわけですね。その時に何が起こっているのかということが、これはここであまりごちゃごちゃ言うと、かえってポイントが外れてしまうといけないから言わない方がいいかもしれないけど。まあ、ちょっとだけ言うなら、その問題があって、言語というのは、私たちが普段使っている言語というのは、実はある問題を隠していて、隠蔽する力があると思うんだけど、その隠蔽を曝くのも言語でできるようにできている。これが素晴らしい。

山下　言語によって論理を詰めて来られたというのは分かるんだけども、ただ私は、永井さんに感じるのは、言語によって論理を詰めようとされたその出発点に何かあった気がするのですよ。どういうことかというと、この、いま言われた平板な世界が、客観的に存在するんだ、というのが世間の理解じゃないですか。私はさっきから言っていたように、子供の頃からこれを理解できなかったんですよ。納得いかなかったのですよ。強烈な違和感をいつも感じてきた。だって、おかしいでしょう？

この机が本当に存在しているっていうのが一応世間の取り決めだけれども、それに対して誰も疑っていないようにみえるけど、何かそれって変だよね、という感覚が常にありました。強烈な違和感かな。世間ではそうなっているけど、本当はどうもそうではないのではと。何でそんなに平板な世界が客観的に実在するというのを、みんな何の反省もなしに信じちゃうの、という疑問がありました。世界というのが、そんな平板なものだったら、私というのは、この教室にいる百人のうちの一人に過ぎなくなる。どうせそんなものは物質でできているから、私というのは何？といえば、要するに、この物質的肉体のことになる。じゃあ意識って何？といったら、これは物質の肉体の一部である脳みそが、意識というわけのわからないものを作りだしている、というような、今の世間の世界理解、人間理解というのがすぐ出て来てしまいます。

けれども、私が永井さんにお聞きしたいのは、確かに論理的に詰められたと思いますけど、最初にこの平板な世界が客観的に存在する、ということに対する違和感が、やはりあったんではないかと思いますが、どうですか？

永井　そうなんですけど、どちらかが偽物で、どちらかが本物だというふうには考えないで、どういうふうな関係になっているかということを考えようと、ある時にしたんですね。どちらかはこれは偽物だから撲滅しなきゃいけないというふうに、たいていの人はどちらかの立場に立つんですけど、僕はそうじゃないんです。そこがどうなっているのかをよーく見てみようというふうに、まあ立場をとったんですね。

これが一つと、もう一つちょっと、今のに関連して僕が思うことがあるんですけど、仏教についてなんですが。仏教って、たとえばここにこういう物が客観的に存在するとか、そんなところから疑ったり問題にしたりしなきゃいけないのかな、と。なぜか、一貫してそういう傾向がありますよね。さっき最初に僕がしゃべったことの中では、撲滅したり否定したりしなきゃいけないのは、作り物のなかでも、かなり増殖した部分なんで、最初に並列的に存在していて、私はその中の一人であるというようなところは、撲滅する必要はないんですよね。そこはただそうなっているなと意識するだけでいい。だから、世界に客観的に物があるとか、それも撲滅する必要がないんですよ、必ずしも。

それはしかし、哲学的には構成されたものだということは本当は知っていた方がいいとは思うけど。構成ってわかりますかね。私の意識の内在的要素からそれを超越した客観的世界を作り出すというのを超越論的構成と言って、まあ、ある意味、世界は構成されてできたものであることは確かなんですけど。意識に内在的なものから客観性を作り出すプロセスがあって、そのプロセスを解明するのが超越論哲学で、カントとかフッサールとかがその代表者です。そういうプロセスがあるということ自体は、できれば、商売柄からも、みんなが知っておいてほしいと僕は思うけど、しかし、それは、人生をよく生きるという意味では、そこまで問題にする必要があるのかどうかということは、そこはどうなんですか？　ちょっと質問ですが。

山下　えーと、ごめんなさい、私は仏教のお坊さんなんだけど、仏教ってよく知らないんですよ（笑）。日本やビルマで仏教の勉強を長年したけれども。でも私ははっきり言って、仏教を勉強しようとか、坐禅を勉強しようとかいう前に、この世界っていったいどうなってるの？ というのが、私山下良道の問題なんですよ。だから、いま言われたように、そういう世界ができて、それに対する行き過ぎから、貪りだとか怒りだとかが生まれて、そこから苦しみが出て来るから、貪りとか怒りをなくさないといけないよね、という文脈になるのはその通りなんだけど、やはり私にとって本当に興味があるのは、実はそんなところじゃなくて、実はもう一つ前の、この世界ができているということ、この世界が存在しているということ、そのものなんですよ。

永井　良道さんは、例えば「映画」という比喩を使われるじゃないですか。あの「映画」の中には、物理学というか、そこまで行かなくても、そもそも客観的な物が存在するということも「映画」の中に入っているんですね？　だから、変な悪いストーリー、お話を作っちゃって、そこに入り込んじゃうということじゃなくても、別に変な情念とかエモーションを生んでしまわないような、客観的な物体についての知的理解でさえも、良道さん的には「映画」で、「雲」ですか。

山下　はい、その通りです。そこまで含んでいます。そこを含めないと「映画＝疑似現実＝マトリックス」にならないので。この机が客観的に存在することに疑いをもたず、良い机に対する貪り、悪い机に対する怒り、不安をもってはいけないというような話ではないです。貪りとか怒りとか、そのような煩悩の部分が「映画」ということではなくて、この机があるということも、私にとっては「映画」の最も重要な構成要素です。

藤田　だから、煩悩と無明というふうに分けていけば、たぶんいろいろ増殖に増殖を重ねて、物語が物語を生んでいって、そこのところでぐちゃぐちゃになっているというのは、煩悩みたいなものなんですけど、物語をそもそも生み出すところ、基盤のところは、たぶん無明というふうに区別できるんじゃないかと思います。悟りへの道を妨げる障害ということで仏教では「二障」というコンセプトがあって、そこで煩悩障と所知障ということが言われています。所知障というのは無明のことですね。

永井　例えばキリスト教でも、無明に当たるような間違った考え方はあるでしょうけど、物質的世界、客観的世界の存在それ自体を否定したりするなんて、そんな必要はあんまり感じないんじゃないかな。

藤田　僕なんかは仏教がそこまで問題にしていることにすごく惹かれますけど。

永井　仏教は哲学的にラディカルなんですね。

山下　ええ、とてつもなくラディカルだと思います。私も一照さんと同じで、そこに惹かれました。たとえば十二縁起から言っても、最初は何かと言ったら、無明じゃないですか。その無明から、どう世界は生まれてくるかを最初に分析しますね。そして、その世界に接触したとき起きてくる、煩悩にあたる愛（渇愛、タンハー）は十二のうち八番目、取《しゅ》（執着、ウパーダーナ）は九番目という後の後です。だから、あなたのこころには煩悩があって、煩悩があなたの人生を苦しめているよね、だから煩悩をなくそうよね、なんていうのは、あまりにも間延びした話にならないですかね。だってそれは十二縁起の八番目、九番目だから、もっともっと先にやることやまほどあるのでは。まずは、最初の無明そのものを問題にしないと。

藤田　煩悩を問題にすること自体は悪くはないと思いますけど、僕がもっと関心があるのは、煩悩が出て来るような、その最初の失敗というか、最初の間違いというところです。

永井　そうなんだ。それなら、少なくともこの三人の間では実は話はすごく簡単です。僕は、そんな哲学的にラディカルなところから言ってしまったらみんな引くんじゃないかと思って。最初はいいんだけど、そこから段々悪いことが起こってきますよ、というふうに話をしたけど、それだったら全然それで構わなくて。全体がすべて作り物だ、と。全て客観的な世界というのは作り物で、そうでないところに行くことができる、と。それで全然かまわないです。

「色即是空」としての〈私〉

藤田　煩悩と無明という仏教用語がでてきたので、ここでちょっと話を変えますね。これは正しいかどうか分かりませんけど、永井さんの議論の中核には、〈今〉という時間論、それから、〈私〉という自己論がありますよね。これは、仏教の「無常」という時間論、「無我」という自己論に引き寄せて、二つを接合というか統合できないだろうかと思っているんです。たぶん、今の仏教の普通の辞書の定義にはそういう永井さん的な観点は全くないし、そういう議論も皆無ですから、そういう試みをやるっていうのは、間違いなく異端になってしまうんですけれど（笑）。

無明ということをこの無我に絡めて言うとすると、事実は無我であるのにそれを「我」と勘違いをする、というのが無明の一つの言い方ですよね。それでこの「我」の特徴は、自分が全ての他から切り離されて存在していると認識している。自分が単独で閉じた形で在って、その周りに同じように孤立した、自分ではないものがばらばらと在る。さっき良道さんが言ったように、机って、どう見ても普通に見ると、向こうにあって、こっちにいる私と関係ない、私と切り離されたものが対象としてある、それを私が見ているという見方をしているんですね。そういう対象物と、ペアの形で、ここに俺がいる、という自己と世界についての二元的なビジョン。これはわれわれにとっては自明で当たり前の意識のあり方なんですけど、これが実は作られている非本来的なものだというのが、仏教の立場なわけです。

山下　そこまで踏み込んでいるっていうことですよね。それに対して貪るとか怒るというのは、後の後から起こったことだから、まずは、根本的なことを問題にしようということですね。

藤田　自分とは別に向こう側に確かにあると思うから、それを得ようとして貪るわけです。もともとそういう自他の二元論的なパラダイムを前提にして見ているから、そこに好き嫌いが起きて、さらにそれに対しての貪りや怒りというのが出て来る。これが人間的世界を現出させているわけです。対象的意識というのは、他にばかりではなく自分にも向かいます。外にそうやっているように、自分も対象として見てしまうわけです。それで自分の中に、だめな私と、それを見ているだめな私をよくしたい私という分裂が起きて、距離ができてしまって、そこから、ましになりたい私がだめな私を叱咤激励して、たとえばもっと金持ちになれとか、幸せになれとか、仏教に絡めていえば、より慈悲深い人間になれとか、もっと智慧のついた人間になれ、悟れ、という感じで一生懸命な努力をするわけです。そこに時間という観念も出てくる。でも、そういう理想追求的な努力では、その構えというか態度自体は不問に付されているから何も変わらない。そこは最後までブラインドスポットになっていて、知らないままであるというのが無明ということなんじゃないですかね。

山下　世界の構造を知らないってことでしょう?

藤田　いや、世界というか、実は自分がそういうことをやっているという自分が拠って立っているパラダイム自体に気づきがないということです。努力の構えというのかな、モードというのかな、様式ですかね。態度？　全てをこういう様式で見て、感じて、考えて、それに基づいて行動している、ということです。それが平板な世界観というか、平板な人生に繋がっているのではないかな。それに気づいてそれを揺さぶるには、われわれがやっているこういう面倒くさそうに見える議論というか、こういう探求がもしかしたら役に立つかもしれない。虚偽意識から真正意識への転換ということにここから入っていける、有効な法門の一つかなっていうふうに僕は思っています。

山下　あれ、そこが反対かな。一照さんは、自分のモードがみえなくて、そこから平板な世界観につながる。私は、まず平板な世界観があって、そこから当然、いま一照さんが解説したような人生態度が生まれてくる。あ、だから一照さんはモード、人生態度について普段から口を酸っぱくして言っているわけですね。結論は同じだけど、このあたりどうなのかな。

私がずっと知りたいと思ってきたことは、みんな本当にそれを信じてます?　この世界が客観的に存在するなんて、本当は信じてないでしょう?　と私はそのあたりの、皆さんの本音を本当に聞きたいんです。

藤田　そんな言い方すると北風になっちゃいますよ（笑）。

山下　というか、みんな思い出してほしいのよ、小学校の時のことを。あの頃は、信じてなかったはずなんだけど。その後、教育によって洗脳されちゃったけど。

藤田　それは、あまり一般化しないほうがいいと思うんだけどなあ。自分は特殊例だと思っておいたほうがいいと思います（笑）。ところで、もし伝統的な仏教の人たちが永井さんのこういう議論を聞いたら、それこそ無明だと言わないかって思うんですけど、どうでしょうか？

山下　私は言わないと思う。

藤田　というのは、永井さんの議論を、「比類なき私」なんて言い方で自分だけを特別扱いしていて、それは自己中心性の最たるものだとか、無明の最たるものだとか言われるんじゃないかなと。

山下　というか、そもそもその発想自体が理解できないと思う。だから、自分の理解できる範囲で、自分のカテゴリーのなかで「比類なき私」を解釈したら、もしかするとそう誤解するひとがでてくるでしょうけど、それはただ理解していないだけでしょう。

藤田　そもそも？

山下　はい。この発想はないんですよ。だから私らがずっと言っていた、世界が客観的に存在しているようにみえるけど、それは本当にそうかと、疑いの対象にしましたが、そういう種類の疑いがやはりないのですよ。なので、非常に素朴にこの机は本当に存在してる。そのうえで、いい机だったら貪って、悪い机だったら怒りを持つ。だから貪りと怒りがあなたの苦しみを生んでいるから、貪りと怒りを消しましょうよね、ということでしょ。

藤田　本当は一つながりの世界であるのに、そういうユニティーの世界から妄想によって自分を切り離して認識し、それを特別扱いをして、そこから全てを眺めている、という説明の仕方をよく聞くんですね。主客の二元に分ける二元論ということですよね。それも、単なる並列的な二元論じゃなくて、主と客という、一方的といったらおかしいけど、主から客へという方向性を持った二元論ということです。こういう眺めのなかで感覚、感情、思考が立ち上がって動いている、いわばそういうOS（オペレーティング・システム）の上ですべてのアプリケーションが作動している。そういうモードで生きているあり方というのが、言ってみれば「無明」です。本人はそれが無明だとはつゆ知らず、これしか生き方はないといった感じで生きている。それで、もしかしたら永井さんの〈私〉論もそういうふうなものとして見られてしまう可能性がないとは言えない。でも、よく考えてみれば違いますよね。平板な「私」になると、そういうことになってしまいますが、この〈私〉は全てでありかつ無であるという、とても奇妙なあり方をしているから、そういう平板な主客二元論にはなりえないですよね。

永井　これはそもそも主客図式じゃないんですよね。

藤田　そこをもう少していねいに話してもらえませんか？　ここのところをきちんと理解しないと、〈私〉を主客図式の枠組みで考えてしまう人も出てくるんではないですか。自分というきわめて特別なものがあって、その特別な自分が全部世界を眺めているというのは、もしかしたら僕らの普通の日常的な意識もそういう眺めをしているわけで、それと混同されませんかね？

永井　普通の日常的意識？

藤田　普通は僕らもそう見ているのではないか。つまり、私が世界の中心にいて、その周りにいろんな人や自然物がそれとは別にばらばらに存在しているという見え方をしている。これは主客二元論だと思いますが、永井さんの〈私〉はそういう枠組みで論じられているのではないですよね。それが二元論じゃないというところをもう少し説明してもらえませんか？

永井　要するに、こういうふうに書くと（このあたり一九一頁の図、参照）、これが主観でこれが客観でね、というふうに見えちゃいますが、そういう意味じゃないんです、本当は。私は縦問題と横問題の違いと言ってますが……。

藤田　〈私〉を消さなきゃいけない？　〈私〉がいわゆる客観的世界と別に並列的にあるのではなくて、それとぴったり重なっているというか……。あるいは逆に、そういう客観的世界が消えて主体の中身になってるというか、とにかく主「と」客が向かい合って、二つ対応しているという話ではないんですね。

永井　その通りです。どう言ったらいいのかな……。

藤田　こういう図にするのが難しい、そういうあり方だということですかね？

永井　そうですね、平板じゃないということは、一つの図には描けないということですからね。だから、全部がこうやって入ってしまうと言うと、これが主体で後は客体で、全部を見ている主体しかないぞ、という話になるんですけど、そのことで強調しているのは、主客ですから、客体が主体に含まれているぞということですね。その場合、その主客関係自体はたくさんあっていいわけです。同じことは、この主体にもあの主体にもあるわけです。平等にみんなあるわけですね。主体客体というのはそういう話ですよね。

いま話しているのは、そういう縦関係、対象関係の話ではなくて、最初からいわば横関係の話なんです。横並びの関係の中で、つまりいっぱい主体が存在する中で、ひとつだけ他と全然違うやつがいる、内容がその本質でなく、単なる存在がその本質であるやつがいる、それはいったい何なのか、という話です。そこが、前に出た、無我とか無為の話になっていくわけですが。主体というと、すでに意味的なまとまりを持っていて、それが我執を生み出すので、逆の話になってしまいます。

この話は、実は西洋哲学の歴史においてもかなり新しい話ですね。主客の話の方が古くて、近代哲学は皆、デカルトとかバークリーとかカントとかヘーゲルとかフッサールとか、皆この主客図式を前提にしています。バークリーという観念論で有名な人がいますけど、「存在とは知覚である」と言って、要するに、客観的存在だと思われていることも実はすべて主体によって知覚されているということにすぎないんだ、と言ったわけですが、その場合、この主体というのは私ではなくて、誰でもいいんですよ。それだから結局、最終的には神さまが全部知覚してくれているから客観的世界は全部ある、ということになるわけですが。こういう話が典型的な主客図式の話ですね。そういうパラダイムでずっと考えられて来ていたわけです。この横並びの主体たちの中に一人だけ他と違うやつがいる、という話は、その系統の話じゃないんです。その話じゃなくて、これらすべての主体にちゃんと意識があるはずなのに、現実に見えているのはこの目だけなのはなぜか、というところが問題の出発点になっているんですね。
藤田　問題設定が全然違うということですね？
永井　問題設定が全く違います。似て見えるけど、実は似てもいないんです。それでこの問題を初めて、初めてかどうかは分からないけど、少なくとも目立つ形では初めて、はっきり言ったのは、二〇世紀になってからで、たぶんウィトゲンシュタインだろうと思います。それからこっちの問題にシフトしたんです。これ、もっとしゃべっていいんですか？
藤田　もちろん、いいですよ。お願いします。
永井　良道さんが話す時間じゃないですか？
山下　いえ、いいですよ。私も聞きたいので。
永井　いいの？
藤田　せっかくここまで乗ってきているので、遠慮なくどうぞ（笑）。
永井　何を説明しようかな。ウィトゲンシュタインのこと言っちゃったから、僕の大好きなチェスの比喩の話をしていいですか？　ウィトゲンシュタインの比喩の中で一番好きな比喩があって、それはチェスのゲームの比喩なんです。チェスの駒がこうあるじゃないですか。チェスはいろいろなルールに従って成り立っているわけですが、ところが、ある人がチェスのこの一つの駒の上に、白い紙で冠をかぶせるわけですね。それで、これは、このチェスのルールとは何の関係もないけど、私にとっては特別な意味があるんだというふうに言うわけです。私にとってはこれは特別の意味があるけど、チェスのゲームには関係ないから、対戦相手のあなたは関係なくやっていただいて結構ですよ、というふうに言うんですね。

この比喩は、誰も褒めないけど、画期的なもので、チェスというのはこの世の中のあり方の全てを表しているんですね。だから、この話は、冠が認識論的な主体でチェス・ゲーム全体を構成している、というような話ではなくて、チェス・ゲームは最初からあるんです、この話では。チェス・ゲームは客観的にちゃんとあるんだけれど、むしろそれにとっては余計なものが一つだけあるんですよ。余計なものとは冠ですね。チェスのルールに冠に関する規定はないので、チェス・ゲームの中にそれが存在することはありえない。だけど、この余計なものが本当は重要で、ある意味ではこれがなければ何にもないのと同じなわけですよ。この冠はチェスに内容的には何も付け加えてないけど、内容には関与せずに、ただ存在だけ付け加えている、と言ってもいい。私の解釈では、この冠は〈私〉の比喩で、これはこのゲームの中には存在できないんだけど、別の意味ではこれこそが全て。全てという意味は、それが内容的に全てを作り出しているという意味ではなくて、これがなければ何もないのと同じという意味で、ただ存在を与えているという意味です。

藤田　冠がついている駒も他の駒と同等にチェスにフルに参加しているんですよね。

永井　ええ、そうです。普通にチェスをやるんです、チェスのルールに従って。だから冠なんか被せられても何の意味もないんです。客観的なチェス・ゲームというとき、大事なのは物的な駒の客観性ではなくチェスのルールの客観性なんです。駒はルールによって存在が認められるけど、冠は認められない。この世界もそうなんですね。〈私〉は、この世界のルールに繋がっていないんです。この体やこの心は繋がっているけど。それにもかかわらず、それこそがある意味で全てで、それがなければ世界なんてないのと同じですから。しかし、別の意味では、逆に、この冠のほうこそなくても同じなんですね。冠があってもなくても何も変わらないので。

藤田　これはさっきの全てイコール無という話と同じことですよね。

永井　そうです。この全ては、だから、世界の中身を構成しているというよりは、これがないと何もないのと同じという意味でただ存在だけ与えているのであって、客観的世界というものは、こいつが知覚した時に初めて存在するという意味でただ存在するという話ともまた違うんですよね。これはまだ難しいね。どう言ったらいいのかな。それが全てであることと全くの無であることがコロッときれいに変わるのであって、中間的段階はないんです。

藤田　仏教で使う即というのはつまり「そのまままとりもなおさず」という意味なんですが、それを借りてくるなら「全即無」ということですね？

永井　そうそう、そういう感じです。

藤田　両者の間に媒介項なしで、というところがミソなんですね。

永井　そうです。何か意識の内在的要素から客観的世界を構成するとか、そういったことはなしで、もうチェス・ゲームは最初からある、と。

藤田　「色即是空」と言ってもいいかもしれないですね。

永井　そうそう、そういうふうに裏返しにコロッと変わるような話なんですよ。コロッと反転するような。

藤田　それが本来的な自己、根源的な自己ということですよね。

永井　これから話すことに繋げると、そういうことですね。

藤田　そういうことは別に修行の結果、あとからそうなるという話ではなくて、今もうすでにそうであるんですよね？

永井　全ての人は、ある意味では、そういうふうに自分をとらえているはずですね。だって、そうじゃなかったら、どれが自分だか分からなくなったりすることがあるはずですから。何らかの性質というか属性というか、とにかく内容でとらえていたら、間違えることがあって、どれが自分だか分からなくなることがあっても不思議ではない。もし顔とかでとらえてたら、俺ってどんな顔だったかな、って分かんなくなることがありえます。どんな性質でもそうですよ、心的性質でも。心の癖とか、個性みたいなものでも。どれが私か、分からなくなりうるけど、絶対に分からなくならない。それは内容ではなく単なる端的な存在で把握しているからですね。

藤田　どうしたって間違えようがないくらい確かなんですね？

永井　そうなんです。この絶対性というのは、ちょっと意味のわからない不思議な絶対性で、理由は、なぜかこれしかないから、ですね。

藤田　それが本当の私の中の私というか、純粋な私というか、本来的、本当の私ということですね。なぜかわからないけど、それしかない。で、今に関しても同じことが言える。

言語というからくり？

永井　今に関して言えば、要するに、端的なこの今があって、それが今なんだけど、それ以外に、他の今というのもある。どの時点もその時点にとっては今ですから。今というのは、本当はここのこの今しかないはずなんですね。二時間前にも今はあったし、十日後にも今はあるでしょうけど、それは今ではないので。端的な今はその時起っている中身とは関係なく成立する無原因・無理由で条件づけられていない存在です。中身はそのままでまるごと過去になりますから。その上しかも、この今が全てじゃないですか。過去はもう無いし、未来はまだ無いんですから。この今において全てが現れているので、もしこの今というものが無かったら何も無いのと同じことでしょう。以前はあったということも、これからあるだろうということも、一緒に無くなりますから。にもかかわらず、そんな特別な端的な今なんて無いんですよ。そんなものの存在は絶対に認められないんですよね。つまり、端的なこの今の存在はこの今の内部においてしか確証することのできない、他の時点には伝えることのできない真実なので、この今だけが存在するとか、この今だけが特別だ、といくら言っても、言ったことが記録されて、何年何月何日何時にそう言ったとか、誰かがそういう気持ちになったとか、そういう事実があるだけになりますね。そうすれば、その時点だけが端的な本当の今であるなんて事実は存在しないことになりますから。時間が経過するという事実自体がその真実を、その特別さを消し去り続けるんですね。もちろん生み出し続けながらですが。そういうあり方をしているのが〈今〉で。それって無常と繫がります？

藤田　今と私をどうとらえるかというのは、時間論と自己論として仏教の重要なテーマですよね。永井さんが今言った（笑）、おもしろいあり方をしている〈今〉の議論はたぶん仏教の時間論である無常と繫がっているはずです。〈今〉がそういうあり方をしてないと、無常ということは言えないというような議論の展開は考えられないでしょうかね……。

永井　それを無常というのも……。

藤田　もしかして無理がありますか？

永井　いやいや、むしろ面白くないですか。

藤田　ええ、僕自身はすごく面白いと思ってます。

永井　面白いですよね。でもね、無常ということを言った人はおそらくはこの構造に本当に気づいてはいなかったでしょうから、牽強付会にはなるんだけど。

藤田　そこは大胆に、無常に新しい意味を盛り込むわけですよ。永井さんの〈今〉論をそこに盛り込んでみたら面白いことになりませんか？〈私〉に「無我」論を盛り込むという試みと一緒に。

永井　だから、解釈として正しいかというよりは、盛り込むもんですね。

藤田　仏教的に正しいかどうかは別として、果たして盛り込めるのかどうか、盛り込んだらどうなるのか。

結果的にうまくいかないということが分かるとしても、それでもいいから盛り込む試みをやってみるということです。その値打ちは十分にあると思います。

永井　盛り込んでいただけるとありがたいけど。まあ、はっきり言えば、盛り込んだ方がはるかに面白い。仏教の普通の無常とか無我についての話は、あんまり面白くないですよ。どの本で読んでも。

藤田　僕も正直言って、単純すぎて、すぐにあきちゃいますよね（笑）。全てが変わっているなんてこと、誰でも知ってるよ、っていうレベルで片づけられちゃうんですよ。面白味が感じられない。永井さんの議論を持ち込むことで、そこからもう一歩踏み込めるのではないか。それが僕たちにとっていったい何を暗に意味しているのかとか、それを僕たちは無常をそもそもどうして認識できるのか、とか、いろいろ突っ込んでいけそうな気がするんです。

永井　普通の仏教の無常論って確かにあまり面白くないですよね。

藤田　変わっているということ自体の理解が平板で浅い気がする。無我にしたって、いつまでも変わらない孤立した私なんて存在しない、ということはすぐ理屈で分かっちゃうけど、それで終わってしまったら面白くもなんともないですよね。そんな簡単に決着がつくもののはずがないっていうか……。仏教ってその程度なのって拍子抜けする感じが。

永井　そりゃ、どんどん変わっていくでしょうけど、だから何？　って。

藤田　そうそう。さらに、〈私〉と〈今〉の内的繫がりみたいなのがこれまた面白いと思うんです。今は、時制の基本の基でしょう？　過去・現在・未来というものが意味を持つための必須のコンセプト。それを押さえておかないと時制そのものが成立しないような、いわば家を作る時の礎石にあたるもの、思考の礎石にあたるものになっている。今の前が過去で、今の先が未来という形で。それから、私というのは、これは人称の基本の基でしょう？　一人称、これもやっぱり思考の一番要石にあたるものですよね。

永井　言語というか、ロゴスですね。要するに、人称と時制。中学で英語を勉強するときも、人称と時制ですね。

藤田　その二つは言語が意味を持つためにはどうしてもはずせない基本になっている。

永井　あと、様相ですね。様相ですから、助動詞の用法とか仮定法とかですね。キャン（ありうる）とか、マスト（ねばならない）とか、ああいう必然的とか可能的とか。

藤田　確かにそうですけど、どっちかというと、人称と時制の方が様相よりも一段と根源的じゃないですか？

永井　そうです。様相は後から作ったから、あまりない言語もありますし。しかし、人称と時制は必ずあって、日本語だと未発達だけど、それでも本質的には必ずあるわけで。結局これなしには、言語的世界というか、ロゴスの世界ができ上がらないので、思考もできないし、みんなに通じる話もできないから、基本的に、これはどこでも必ずあるんですね。でも、本当は何かを隠蔽しているというか、踏み越えてできていますよね。言語には〈今〉や〈私〉がないんですよね。時点間で対話をする場合には〈今〉は消えますね。人が誰かと話す時には〈私〉が消えるのと同じ構造ですね。

藤田　つまり、さっきブッダが悟った時に言ったという、「家の作り手を見つけたぞ」というのは、その実態は思考であり言葉なのではないか。家作りの一番の要石になっているのは時制と人称で、そして家を作る時に〈今〉が消えて「今」にすり替わり、〈私〉が消えて「私」にすり替えられる。時制と人称が山括弧の純粋形からカギ括弧の平均形に変身するというか、すり替わっていくというか……。

永井　いや、まったくその通りです。しかも、そうなったのにもかかわらず、いわば誤魔化しが非常に成功していて、そこで何かが消されたという感じを普通あまり持たないでやれるようになっているんですよね。痕跡を残さずに、きれいに。

藤田　だからこそ、ブッダはそういう言語の見事なカラクリを見つけたので「わかった！」とすごく喜んだのではないか。僕はまたそうやってどこでも言われていないことを盛り込みたくなるんです。

永井　それは素晴らしい！

藤田　これまでの復習にうまくなったかどうかはわかりませんが、前半はこれくらいで切り上げておきましょう。

〈私〉の死と「私」の死

藤田　それで、前回の話に関連するのですが、内山興正老師は「自己ぎりの自己」という言葉をよく使っていました。僕と良道さんが共通して大きな影響を受けている内山老師は、永井さんも高く評価されておられるので、永井哲学から内山老師の「自己ぎりの自己論」を検討してみようということで、前回の鼎談が行われたわけです。それで思い出したんですが、内山老師も、全てイコール無、というような数式を書いています。内山老師は、1＝all＝0という式を書きました。allというのは全てのことですよね。それがゼロ、つまり1＝0という、さっき永井さんが言ったのとおなじようなことを実は内山老師も言っていたということですね。

永井　内山老師は、そのことを知ってますよ、絶対。一人だけ。ブッダも道元も知らなくても、内山興正だけは知っているんですよ。

山下　自己ぎりの自己はそうですよね。

藤田　そうなんですよ。それで二つの自己というのを、既に内山老師は言っていて、僕らは普通には、1/all（オール分の1）という自分を自分だと思い込んでいるって言うんですよ。これが今までの議論だと平板な私に相当します。この自己で坐禅すると、1/allのちっぽけな自分が、宇宙の片隅でこそこそ内職しているような、そんなスケールの小さい坐禅になってしまう。この小さな自分の心をとにかく落ち着けて、煩悩を払ってきれいにして、ちっとはましな人間にしようと、そういう発想のもとに坐禅をやっている。しかし、坐禅はそういうものではない、それを坐禅だというのは間違いだ。坐禅というのは、尽一切自己が尽一切の自己に帰っていることだと言うんです。それはもちろん道元から来ているんですけど、尽一切、つまり全ての全てであるというのが自己であると道元さんの著作に書いてあって、これを数式で表すと、all/all（オール分のオール）ということになるんだと内山老師は言うんです。今日ここでの議論を聞いていてそのことを思い出しました。ということは、僕らもその内山老師の影響を受けているわけだから、永井さんとこういうふうな議論をすることになったというのは、ある意味必然だったということですね。内山老師の「自己ぎりの自己」は永井さんの〈私〉に、「今ぎりの今」は〈今〉に恐ろしいくらい対応しているように見えます。

永井　本質的に同じことを考えていたのではないかと思います。

山下　内山老師がそこまで問題にしていたというのは、私は絶対そうだと思う。

藤田　じゃあ、今から後半に入ることにします。後半のテーマは「死」ということです。僕らは死ということもよく知っていると思っています。今ということもよく知っている。私ということもよく知っていると思ってます。でも、今や私について巧妙なすり替えが行われているという議論をしましたが、死というものにも同じようなすり替えというか、虚偽的な死というか、言葉で作られた死というものがあって、僕らはそういう思考によって作りだされた虚偽の死に対して恐怖心を懐いたり、そこから逃げようとしたりということをやっているのではないか、という問題意識があります。まずは永井さんから、死についてちょっと話の種になるようなものをお話していただきます。

永井　それでは今度はちょっと講義風に、まず、有名な、死についてのハイデガーの話から初めたいと思います。死は、普段、我々の生活の中では、隠蔽されている。普段、死があるということをあまり意識しないように、あたかもないかのように生きている、ということがよく言われるし、事実そうですね。それに気づく時に、前半の話との繋がりで言えば、〈私〉の存在というものに目覚めることができるというふうに、ハイデガーが〈私〉と言ったわけじゃないですけど、それと近いことを言ったと私は解釈しています。

で、彼は、ハイデガー自身はどう言ったかというと、自分が死に向かっているということを意識する時に「存在」に目覚める、と言ったんですね。普段は存在ということを忘れていて、さっきの「私」じゃないですけど、要するに、他の人と自分とのいろいろな兼ね合いとかヤリトリとか、いろいろな個々の心配事とか、そういうことに意識がいっているわけですね。それに対して、私の死ということを意識した時に初めて、人生のそういう内容ではなくて、ともあれなぜか現に存在しているということに思いいたる。

ハイデガー自身の哲学的意図について言うと、一言だけついでに言っておきますけど、ハイデガーという人は哲学者ですけど、哲学史的な哲学者なので、彼自身の問題意識としては、もう一つ別の要素が入っています。それは哲学というのは、アリストテレス以来、存在論ということを中心にやって来たわけだけど、本当は、存在ということを今まで一度も問題にしたことがなかった、と。では、その存在というのはどこで分かるのかというと、自分が現に存在していて、そして死ぬ、つまり存在しなくなる、ということを意識できることによって、だ。人間以外の動物はそのことを知らずに生きているけど、人間はそのことを知りつつ生きるということができる。そのことによって初めて存在ということの意味が分かるのであって、これまでアリストテレス以来やって来たようなｂｅ動詞の意味の分析とか、そんなことをいくらやっていてもだめなんで、本当に大事なのは、自分が存在しているということに目覚めることだ、というようなことを言ったわけですね。これはある意味で、哲学史的に画期的なことだったわけです。これがつまり、実存哲学ということです。

では、なぜ死が問題なのか、ということを、今度は私の議論に少し引きつけて言いますと、〈私〉が死ぬことと「私」が死ぬことは全然違うことなんですね。ハイデガーの用語を使わせてもらえば、〈私〉が死ぬのがTod、死ですね。「私」が死ぬ方がAbleben、落命と訳されることが多いようです。

どういう違いかというと、まず〈私〉が死ぬ方を考えましょう。ここに三人いて、なぜかこいつが私なんですけど、まず、〈私〉はこの永井均さんが死ななくても死ねるわけです。さっきのチェスの比喩で言えば、ただ冠を外すだけでいいわけです。駒が全くこのままであっても、ただそれだけで、そのチェス・ゲーム全体が端的に消え去ります。もちろん、チェスゲームの側に立てば、冠なんてそもそも存在者の一つとしてさえカウントされていませんから、そんなものが消えたって何も変わらない。チェスの比喩をやめて言えば、永井均という人はこのまま普通に存在し続けて、ただ〈私〉でだけなくなるということが想定可能で、突然いまそうなったとしても、誰も気づかない。永井さんという人も気づかない。つまり、何も変わらない。しかし実は、世界は、私なき世界に、つまり私の死後の世界に移行したので、実質的に消えて無くなったのと同じことになる、というわけです。

次に、「私」の死の方について考えます。冠をかぶっている駒が壊れても消え去っても、もし冠が残っているなら、〈私〉は死んでいません。もちろん、チェスゲームの観点からいえば、冠なんてそもそも存在者の一つとしてカウントされていませんから、それが残っているなどということに何の意味もありません。チェスの比喩をやめて言えば、永井均が死んでも、つまりこの世で私が持っているすべてが消え去ったとしても、さっき言った「その目からだけ現実に世界が見え、その体だけ殴られると実際に痛く感じ、……」云々といえるようなやつが、要するに〈私〉であるやつが、もし存在しているなら、私が死んだことにはならない。

ここまでのところでは、だから〈私〉は死なないんだよ、と言っているのではないですよ。駒が壊れて消滅すれば、冠も一緒に壊れて消滅するのかもしれないからです。それは、これまでまだ一度も起こっていないので、まだわからないことです。

しかし、こういうことは言えます。たとえば輪廻転生とかいう考え方がありますね。あるいは、死んだら天国に行くとか、いろんな考え方がありますけど。そういう時に何を考えているのかというと、天国へ行くという話では、レイテ川を越えると記憶を全部失うとも言われていますから、そうだとすると、それなのにどうしてそいつが自分だと分かるのか、と言えば、端的にそれしかないことによって、でしかありえない。つまり、中身と無関係にそいつが〈私〉であることによって、でしかありえない。つまり、本質や属性によってではなく、存在によってです。そういうふうに考えないと、記憶によっても何によっても繫がっていないのに自分でありうるなんて考え方が、そもそもなんで理解可能なのか、意味がわかるのか、それが分からない。だからきっと、暗黙の内にいま言ったような考え方をしているに違いない。つまり、こういう考え方が普通にあるということだと思います。

ハイデガーに話を戻すと、死とはその存在の消滅ですから、逆に言えば、死を考えるときにしか、そういう最終的な存在の方に、中身でなく存在の方に、関心を向けることがない、ということです。逆に言えば、自分の死を真面目に受けとると、そのことによって初めて〈私〉の存在ということに気づくことができる、ということになります。あるいは、存在という側面において自己自身とかかわることができるようになる。普段は自分というものを存在としてとらえていませんから。存在としてではなく、もっと内容的に、どう言ったらいいかな、兼ね合いですかね。これは内山さんの言葉かな、内山興正さんの兼ね合いという言葉。

藤田　そうです。「他との兼ね合い」ですね。内山老師は、よくそういう言い方をされていました。

永井　他との兼ね合い。他との兼ね合い中心に生きているから、ともあれ存在しているという側面において自己を捉える機会がないんですね。死ではそのことを考えざるをえない。これもハイデガーが言っていることで、死だけは他人に代わって死んでもらうことができない、というのがあります。他の全てのことは他人に代わってやってもらうことができるのに。なんで死だけなのか、と。これに対しては反論もあって、サルトルとか、そういう近辺の人も反論しましたし、よく意味がわからないと言っている人もいます。ポイントは簡単なことで、その時だけ、チェスの比喩で言えば被っている冠のことが、つまり山括弧のこと、が問題になるからですね。死だけね。死だけが存在に関わっているんですね、我々に起こることの中で。その他のことは全部機能ですから、誰か代わりの人にやってもらうことができる。その他のことは全部、本質とか属性とか機能とか、そういう存在したものが持っている、ただただ持っているものに関することだから、それは他の人がやっても同じです。

そのことに、その事実に目覚めるのが、本来的自己のあり方だ、と。目覚めていないのが、非本来的自己だ、と。兼ね合いの世界の中で、年がら年中、何か一般的な噂話みたいな、普通の人が普通にするような話題にうつつを抜かして生きるのが、非本来的な自己なんですね。で、このへんは、ハイデガーの『存在と時間』は、通俗的にいろいろと面白いことを書いてあるんで、面白い読み物になっているんですけど、そういうふうに、いわゆる世人として、普通の人が話題にするような、普通のことをぺちゃくちゃしゃべっているのが非本来的自己で、自分が死ぬということに目覚めて、自分の本来的なあり方は何だろうというふうに、自己自身だけが、他の人との兼ね合いではなくて、私としてしなきゃなんないことは何だろうかということを考えるようになる時に、本来的自己になるわけです。誰でもする平均的な世間話とか、あの人がこう言ったとか、それで私は傷ついたとか、ちゃらいこと言ってないで、そもそも私は存在していると、これはいったい何なんだ、これをどうしたらいいんだ、という観点から、全てをとらえるようになる、というのが本来的あり方なわけです。

ところで、本来的というのは、eigentlich というドイツ語です。日常生活での、そこから非本来的なあり方への頽落が verfallen です。verfallen は「頽落する」というふうにたいてい訳されていますけど、日常生活では我々はたいてい非本来的なあり方に頽落しちゃってるけど、死を思うことで本来的な自己に目覚めることができるぞ、とハイデガーは言ったんですね。ところでしかし、「本来的」とどの翻訳でも訳されているeigentlichというのは、本当はeigen + lichですから、「自分自身的」という意味ですね。eigentlichという言葉は、本来的という意味で普通には使われるんだけど、語源的にというか、要素に分けてみると、自己自身的というのが、本来的な意味です。eigenstという言い方もよくされて、eigenstと言うと最上級になって、「最も自己固有の」とか、そんな訳になりますね。で、そういうふうに使う時には「自己固有」とかそういうふうに訳すから、何か「本来的」との繋がりが日本語で読むと分かりにくいんですね。

で、本来的自己とか本来的実存というのは、先駆的な決意性、あるいは先駆的な覚悟性によって目覚めた歴史的運命を引き受けるような存在だ、というようなことを彼は言うわけです。歴史的運命というのは、彼の場合、これは全然ここでの議論とは関係ない話題になりますけど、ナチスとかそういうものに加わってますし、そういういろいろな政治的問題も入ってますから、要するに、死を覚悟した者同士の何らかの共同性みたいなものを、実は暗に考えていたのではないかとも言われています。個人主義的なのか共同体主義的なのか、よく分からないところがあるんですけど、さしあたってここでは、一人一人の人間が全く自己自身の存在ということに目覚めた時に、自分の人生をどういうふうに選択するか、というようなことが考えられていて、そういうところで決意しないと生きていることにならないぞ、というようなメッセージが語られていると考えればいいと思います。

「死」はない――アキレスと亀

永井　しかし、この話は少しおかしい。政治的含意を抜きにしても少しおかしい。ということで、ここからはオスカー・ベッカーの論になります。どこがおかしいかと言えば、それは、別のお話を作ることにすぎないんじゃないか、別の本質を獲得することにすぎないんじゃないか、ということです。存在は発見されたと同時に忘却されてしまったのではないか。これだと、一種の自分探しみたいなことになってしまっていて、これまでとは別の本来的な生き方を発見して、意味ある生を選び取るというだけの話だから。確かに、非本来的なあり方というのを、平均的な、世人的な、代替可能な、人に代わってもらえるような世間的な生き方というふうにとらえてしまうと、そうでないような、自分固有の使命を担って、ほかの人と違う何か特別に立派なことでもやれば、そこから脱したように見えるけど、実はそうではないだろう、と。そんなことをいくらやったって、そんなんじゃや、かわりに別の面白い話を作っただけで、本当はちっとも本来的ではないんじゃないか、あるいは本来的、eigentlich ではあっても、根源的ではないんじゃないか、と言ったのが、あまり有名じゃないけど、ちょうどハイデガーと同じ一八八九年生まれの、オスカー・ベッカーという哲学者です。

　ちなみに、一八八九年というのは、ウィトゲンシュタインもこの年に生まれていますし、ヒトラーもこの年に生まれていますから、いろいろな意味で非常に記念すべき年です。ともあれ、ベッカーとハイデガーは同い年です。

つまりベッカーは何を言ったのかというと、それは確かに自己固有という意味では本来的かもしれないが、実はそれは根源的ではない、ということです。ハイデガーは、根源的という言い方と本来的という言い方をほとんど同じ意味で使いますが、ベッカーでは、本来的なあり方は必ずしも根源的ではない。というよりもむしろ、ハイデガーの意味での本来的なあり方は根源的ではない、というふうに言ったんですね。時間に関して言うと、日常的、世間的な、いわゆる頽落的な時間状態でもなければ、歴史的な一回性、つまり目覚めた本来的なあり方でもないような、ちょうど天体の運動のような永遠の反復というのもあって、そこには宇宙的な永遠の現在があるんだ、ということをベッカーは言うわけです。ベッカーはしかもこれを「無我」という言葉を使って、無我的な生き方だといって、それは死を気にしない生き方だと言う。ハイデガーのように死をものすごく重視して、俺は死ぬぞ、死ぬんだから、そのことを意味あるものにするにはどうしたらいいのか、というふうに考えるのではなくて、その逆で、全く死に思い至らないわけではないが、思い至りつつもそれを気にしない生き方がある、と。それで、これを、本来的ではないような根源性、非本来的根源性と言うんですね（一九三頁の図、参照）。本来的というのは、ここでは自己自身的、自己固有的という意味ですが、自分自身の死をやたらと気にするという意味ですね。そうではないような、無我的な根源性がある、というふうにベッカーは言うわけです。

で、私としては、むしろこっちの方を、ベッカーの方を、さっき前半の話で言った意味での無我的＝独我的という話とつなげたいわけです。無我と独我は同じで、無いということとそれしかない（全てである）ということが一致するという、あの論点ですね。これはもちろん、今度はベッカーに対する読み込みになるわけですけど。この観点からいうと、ベッカーは、日常性は無我的＝独我的なあり方からのverfallだと言っていることになります。verfallとverfallenはほとんど同じなんですけど、ベッカーの翻訳では「凋落」と訳されているようです。で、ほとんど同じなんで、ちょっと言葉を変えているだけともいえますが、やはり根本的な違いがあるとも言えて、日常的な我々のあり方というのは、そういう非本来的で根源的なあり方からの凋落である、ということになります。これは、何か世間話ばかりしている平均的な世人の人生からのというより、独自性があっても、単なる物語的な独自性にすぎないようなあり方ですね。そこから脱却することこそが根源的であるわけです。ですから、ベッカーの方が仏教的だといえますね。

この本来的でない根源性、つまり無我的＝独我的な観点から見ると、私は死なない、というか死ねない、ということが言えるのではないか、ということを、ここからはベッカーでもなく、ハイデガーでもなく、私の話として言ってみたいと思います。なぜかと言えば、さっき言った無我的＝独我的な〈私〉というのは、そもそも死ぬようなものじゃないんですね。死ぬようなものじゃないっていう言い方が変だけど、全てでありかつ無ですから、時間的にも全てでありかつ無なんですね。このことを細かく言うには、〈今〉と〈私〉の関係の話をしないといけないのですが、それは今日はできないので、〈私〉に関してだけで、この話をしてみます。死なないと言っても、普通の意味で永遠に存在し続ける、ということを言いたいんじゃなくて、むしろ逆で、それが全てだから、それの存在こそが永遠性を定義している、という意味ですね。つまり、永遠の長い時間というのがずーっとあって、その中にちょびっと私が生まれ死ぬ、つまりその間だけ存在している、というとらえ方をすれば、私はそこで死にますけど、そうじゃなくて、全てだというのを、これしかないという文字通りに取ると、これこそが永遠なんですね。だから、私が、私の今このあり方、これが永遠だ、ということになります。だから、その外部から見れば、外部というのは他人の目や神の目から見ればということですが、確かにある期間しか、その期間しか生きないから、死にますけど、そういうあり方をしていませんから、その意味では死なないことになる。

それで、この話は、アキレスと亀の話と同じだと思います。アキレスと亀の話は知ってます？知らない人いませんよね？　知らない人がいるとまずいんですけど。亀が前にいると、アキレスがそこまで行った時に、亀がちょっと前に行くから、決して追い越せない、という話ですね。これ、本当にみな知ってるかな？　大丈夫かな？　すごく簡単に説明します。アキレスはものすごい足が速いわけですね。そして亀はものすごく遅いわけです。それで、亀が前にいるわけですね。アキレスは後から追いかけます。アキレスが亀がいるところまで走って行くと、亀はいくら遅いとはいえ、そこよりは少しは前に行くわけですね。今度アキレスがここまで行った時には、亀がいくら遅いとはいえ、そこよりは少しは先に進んでいっている、というわけですね。だから永遠に追いつけない、という話ですね。これは、ゼノンのパラドックスと言われていて、いちばん足の速いアキレスがいちばん足の遅い亀を追い抜けない、というパラドックスですね。

これは、論理的にはそうなるけど、実際には追いついて追い抜くじゃないか、というふうにみんなが思うわけですけど、実はそうじゃないんですね。これは、この観点から見れば、本当に追い抜けないという話なんですね。本当に追い抜けないのはどうしてかと言うと、これはですね、彼らは等速運動をするわけじゃないんですね。ゼノンが言っているのは、アキレスが亀より速いということだけなんですね。この条件だけしか与えられていないわけです。それで、アキレスの方が亀より速いってだけですから、たとえば、アキレスが亀が前にいた位置に達するごとに、二人ともの速さがどんどんどん遅くなってもいいわけなんですね。どんどん遅くなっていけば、永遠に追いつけませんね。それから、地面が延びていっても追いつけませんね。この話では、この二者以外に、客観的な時間、つまり他のもので測られる時間、太陽の運行とか、セシウム原子の崩壊とかで測られる時間が、想定されていないんですね。つまり、アキレスと亀の運動だけがその世界に存在する唯一の時計であるわけです。その運動をその外から測るものは何もない。だから、どんどん遅くなると想定したくても、遅くなっているなんてことを測るものが存在しませんから、そんな想定も成り立ちません。そうすると、ただゼノンが言っている通りのことだけが実現して、いつまでも追い抜けないわけです。もしそれを外から見ることができるとすれば、どんどん遅くなっているように見えるだろう、というだけのことで、外はないわけです。だから、論理的にはそうなるけど実際には追い抜くというその実際が存在しないわけです。

それで、これと、私が死ねないという話は、本質的には同じ話です。つまり、外部に客観的な世界というものを想定しない限り、私の死は訪れませんから。これがすべてだとしても、無だとしても。無は死なないですよね。無だから死なないし、すべてだとしても、すべてには外部がないから、死ぬなんてことはありえない。そもそも私の死ということが、とてつもない重大事として成り立つためには、その内部しかないという視点とその外部があるという視点の、矛盾した両方の視点を行き来する必要がありますね。私の死というのはそういう矛盾した観念ですね。どっちか一本槍で行った場合は、私は死にません。

このことも価値抜きに言えますね。こう考えると何かいいぞ、いい人生を送れるぞ、とも言えるけど、逆でもいいですよね、なんだ、死ねないのか、がっかりだな、とも言える。存在論的な事実としてこれが言える、というだけですから。この点にこの話には価値があるかもしれない。こういうふうに考えるといい人生が送れますよ、とか言うと、でも、本当なの？　と思うでしょ。でも、そうじゃないわけです。今日言いたかったのはこの話でした。

藤田　永井さんご自身は、これで間違いはない、私は死なないんだという結論に安心を見出しておられるんですか？　仏教では安心立命という言葉がありますが、永井さんはこれで安心立命を得ているわけですか？

永井　いや、僕は、さっきも言いましたけど、立場に立たないから、二つの考え方がありますよ、と言って、その構造を細かく見るだけですから、場合によって、こっちに行くと安心立命に近くなって、気分もそれで変えられて、何だそうか、そうだなと思うことができますが、これはできない時もありますね。どう言ったらいいんですかね、これはやっぱり知的な問題だから、ある種の情念や情緒が強くなって、スイッチを変えたくても変えられない状態になることがありうる。これは仏教の修行の方の問題ですね。知的な問題じゃなくて。そっちの方面の問題ですけど、何で鍵が掛かって、行かせなくしているのか、という問題がありますね。

藤田　そこでいったい何が邪魔をしているのかということですね？

永井　そうです。それはありますけど、基本的には考え方を転換できると思います。

藤田　これは死を相手取って、それを克服するとかそういう話じゃなくて、そもそも死が存在しない、死がない、死の入ってくる余地がそもそもないという結論の仕方ですよね。生まれてないんだから死ぬこともない。この議論では生まれるということもない、ということですよね。

永井　ある時生じる、ということはないですからね。

藤田　ですよね。生まれたから死ぬのであって、生まれるということがなければ死ぬということもない。仏教の方でも生まれないものは死なないという意味での不死という言い方があって、不生不死という言い方をします。そこは、〈私〉というのは生まれるとか死ぬという特性を付与できないあり方をしているということにつながってきますよね。

永井　でもこれはあんまり説得されてなさそうだ（笑）。これは、こういう考え方ができるということが、まず知的に理解できるかどうかが最初で。

藤田　それを受け入れる受け入れないは別として、知的に論の全体を、まず理解できるかどうかということですね。

永井　そうそう。それで安心立命になるかどうかは、またさらに別の話で。それ以前にアキレスと亀の話。死の話と独立にアキレスと亀の話が、いま言ったように理解できるかどうかというのも独立に興味深いですよ。それ自体としても。あれは本当に追い抜けないという話で、それで追い抜けるのは、二人の運動と独立の時計、つまり客観的な時間と、客観的な空間があるからで、しかもそっちが権威を持っているからですよね。でも、もしあったとしても、時間がどんどん延びちゃうとか、地面がどんどん延びていっても追い抜けないですよね。そういうことは起こらないということを、そっちの方は固定しているということを前提にすると、こっちが負けて追い越され抜かれてしまうんですね。理論としては、こっちだけ考えたら追い抜けなくて、それと同じように、〈私〉の存在についても、こっちだけで考えれば、私は死ねないことになります。

藤田　じゃあ、その話はここまでとして、良道さん、次お願いします。

「死んでも死なない命」

山下　今回のテーマは生と死の話なんですけども、もうさっき前半のところでかなり突っ込んだところが出て来てしまったので、ちょっと整理していきたいと思います。さっき永井さんの方から質問されて、仏教というのは、この机が本当に存在している、というところは問わないで、その机に対する貪りとか怒りというレヴェルでいろいろ修行とか考えているんではないのか、という話だったと思います。その質問に対する答えはイエスとノーの両方あります。仏教のなかにもいろいろな考えがありますから。その机が本当に存在するかどうかというところまで問わないという、いわば非常に単純明快な世界観のもとで生きていて、その上でこの机に対する貪りはよくないよね、怒りはよくないよね、というレヴェルで、この心をきれいにしていこうよね、としている人たちが圧倒的に多いというのはその通りだと思います。それは驚くほど単純な論理で構成されていて、そこから導き出される驚くほど単純な修行を一生懸命しているということが実際あるんです。それが仏教のひとつの流れです。

それで、私の個人的なことで言うと、いま述べたような発想と、それに基づく修行のありかたが、一番単純に、疑いもなしに、非常に単純明快に信じられているのがテーラワーダの国ですね。テーラワーダの国だけではないのはもちろんだけど、個人的に強烈な体験をしたのはそこにいたときだったのです。私もミャンマーの瞑想センターに四年いて、代表的なテーラワーダ仏教の瞑想メソッドを最初から最後まで一応経験したのだけれど、結局最後の最後まで全てがそのレヴェルの話だったのには、非常にびっくりしたんですよ。なぜそこまでびっくりしたのかというと、私が内山老師の圧倒的な影響を二十代から受けたのが大きかったのですね。今ふりかえると。

私と一照さんは、内山興正老師の門下なのですが、今日も何回もでたように、内山老師というのはやはり、このあたりが永井さんと同じ問題意識だったと思います。このあたりを、このあたりのみを問題にしていたというのは、今になってきれいに見えます。我々はそういう老師に薫陶をうけてきたので、ここを問わないで、いきなり机に対する貪りや怒りからとにかくきれいにしようよね、というようなのはあまりにも単純過ぎちゃって、結局、私は面白くなかったというかね。

それで私にとって、さっきも言ったけれども、子供の頃からずっと感じてきた違和感ですね、この平板な世界観をどうも信じ切れなかった。平板な世界を信じ切れないなら、じゃあ自分って、世界って本当はどういうあり方をしているの、というところで、どうもここにぱっくりと大きな闇が開いている、というところがずっとありました。まだ私はそのあたりを永井さんがやられたようには、論理的に詰めきれてはいないんだけれども、その安心立命の方から言うと、整理するとこういうことになります。

その違和感を持っていたので、私は子供の時から非常に生きるのが辛かったんです。辛いっていうより、苦しいのね。常に違和感を持っていなきゃいけなかったので。それで、机って本当に存在しているのかということを、本気で解明したくなりました。単に知的な関心からではなくて、自分の苦しみを乗り越えるためにも。その過程でお会いしたのが、私と一照さんの共通の師匠である内山老師という方だったのです。

老師は平板な世界観を超えたそのあたりを、「自己ぎりの自己」とか、「一切分の一切」とかおっしゃっているのではないかな。「世界」や、「自己」、「私」というものに対して、何か根本的なところをこの人は言っているんじゃないのか、という直感があったんですね。それで、それ以外の禅の老師たちというのは、どうもこのあたりを問題にしていないような気がしたので、大学卒業後、内山老師の門下に入ることにしました。老師は既に一線をしりぞいてらしたので、内山老師の直弟子ではないけど、孫弟子になりました。今日ずっと、永井さんの話を聞いていると、やっぱり私が内山老師に対してあれほど強くひかれたのは、まさにこのあたりの、私にとってぱっくり闇が開いているところを、きちんと解明してくださっていたからだろうなと思います。

それと、今日も私の「映画」という話が出てきていますが、その「映画」というのを少し解説しますと、あまりにも我々はアタマのなかで、映画という物語を作りすぎている。自分の過去を客観的に見る代わりに過去の物語をつむぎ、未来を客観的に見ることの代わりに未来の物語を作っている。恐ろしく恣意的に再構成された過去と、恐ろしく恣意的に想像された未来を、勝手に「映画」として作って、それが映画、すなわちフィクションであることを忘れて、リアルだと受け取り、勝手に恐怖を覚え、さんざん嫌な思いをしているよね。だから、そういう意味で、「映画」をそのままリアルに信じてしまうというのは、非常に日常生活が苦しくなるというレヴェルでもよくないわけです。

映画のもう一つ根源的な問題というのは何かというと、この世界そのものと自分そのものについて誤解を生んでしまうところですね。我々がやっている仏教は、哲学の側面も非常に大きいですが、修行の側面も非常に大きいわけです。「映画」を作ってしまうこの我々の心の癖をどう乗り越えていったらいいの？ というところで、修行の側面である瞑想が極めて重要になってきます。つい物語を過剰に作ってしまう心を手放す具体的な方法が瞑想です。私は「ワンダルマ・メソッド」という瞑想を教えていて、最近またさらに臨床心理学者の池見陽さんとの関係からフォーカシングの技法を入れながらアップデートしているのですが、結構、効果が覿面に出てます。でもそれはただ単に過去の嫌な「映画」とか、未来の嫌な「映画」から逃れるのが本来の目的ではなくて、もっと本質的に、この机が存在するよね、私っていうのも、その平板な百分の一として存在するよね、という根本的な構造、根源的誤謬そのものを、我々は手放していけるのではないか、ということなんです。

じゃあ、何でその時に生と死の問題に繋がるかというと、もし我々がこの平板な世界の登場人物の一人に過ぎないのであったならば、これはいま永井さんが議論されてきたような「死ねない」存在と反対で、必ず死ぬ存在になってしまうからです。ということは、常に恐怖を持って生きていかざるを得ないということになります。生と死の問題が今の世間においてはタブーになっている、というのは、やっぱり怖すぎて、直視することができないからですね。だけどそれが怖いというのは、本当に怖くて怖いんだったらいいんだけれども、致命的な認識の間違いがそこにあるんじゃないの、ということなんです。それで、その死が怖いということ自体が、我々の認識の根源的な間違いを逆に浮かび上がらせてくれている。

ということは逆に言うと、この、単に貪りとか怒りを手放すような「映画」の手放し方だけじゃなくて、この机が客観的に存在するというレヴェルの「映画」を手放していった時に、我々は死ぬって怖いよね、という恐怖の前提となっている世界観そのものを本当に手放していける。それを単なる知的な理解として理解するだけじゃなくて、どうしようもない心の癖のレヴェルで手放せる。そうすると、死ねない、逆に言うと死というものが存在しないということが、論理的にももちろん理解できるけれども、本当に心の底から納得できる。

内山老師が一九九八年に亡くなって、その時は一照さんはアメリカにいたんだよね。私は日本にいたので葬式とか全部やったんだけれども、まあ、私がやったわけじゃないんだけど、老師のご遺体を棺桶に入れるということとか、全部私らがやったんだけれども、やはり私ははっきり言って激しく動揺したんです、その時。「死んでも死なない命」と生涯言い続けられたお方も、こうやって亡くなってしまったんだって。老師は、もう八十五、六歳で、ずっと病気もされていたので、もう体が軽かったんです。本当に簡単に棺桶にお入れすることができてね。ああ、とうとう死んでも死なない命と言っていた老師も亡くなってしまったのか、そのことに、一九九八年当時、私は本当に動揺してしまったんです。結局、私の仏教の理解が全然浅かったということなんですけどね。たぶん、この時のショックが、このままではいけないという焦燥感を生んで、それから数年後にミャンマーへ私を導いたのかな。いまから振り返るとね。

内山老師は、私にとって法の上の父親の存在でしたが、私の血の上での父も亡くなりました。ちょうど第一回の鼎談が、二〇一四年の十二月にありましたが、その一週間後くらいでした。ところがこの時は、同じようにもう動かなくなった肉体を眼の前にして、本当に父親は死んでいない、と心の底から実感できたんですね。だから、悲しいという感情は一切なかったんです。なぜか？　だって死んでいないんだから。一九九八年には、やはりこの内山老師ですら亡くなってしまうのかと、非常に激しく動揺したんだけど、二〇一四年になると、うちの父は全然悟った人間でも何でもなくて、弁護士をやっていたちょっといい加減な人間だったけれども、それでもその父親は亡くなっていないということは、本当に確信できた。それで何が言いたいかというと、もし我々が本当にこの机が客観的に存在するというような平板な世界観を簡単に受け入れるのではなくて、そこらあたりから徹底的にメスを入れて、この机や「私」が存在すると馬鹿正直に信じてしまうような心のあり方を乗り越えることができたら、論理的に言っても死は存在しないんだけれども、それは単に論理的な理解ではなくて、本当に心の底から理解することは、十分に可能です。

それを、もう人生後半戦になった人たちにやってもらいたいのですよ。いま母親が前橋の介護施設に入っているのだけれども、その介護施設に毎月一回行って、そこで坐禅会を始めましたが、そういうことが私の希望です。それで、私らは、論理的な知的な理解に止まらないで、本当に心の底から、本音のところから、死は存在しないんだということを感じられる。それをやるのが、そもそもの仏教の瞑想の目的なんではないかな、ということを感じているということです。

「不生不死」をめぐって

藤田　いま良道さんの話を聞いていて連想したんですけど、仏教の用語で、悟りを妨げる二つの障害という意味で、「二障」ということが言われています。一つは「煩悩障」と言って、いわゆる怒りだとか恐怖といった感情的なところでの、もやもやだったりごちゃごちゃのことです。もう一つ「所知障《しょちしょう》」というのがあって、これは認識の問題で、最も根本のところでの認知的な誤解なり、無自覚なりということを指しているんですね。無明のことを言い換えたものと言ってもいいと思います。どちらも悟りの障りになるものなので、なんとかしなければいけないんですけど、とりあえず煩悩障がなくなったとしても、まだ所知障が残っているんですね。どちらかと言うと、僕らの立場というのは、所知障の方がより根深いというか、煩悩の基になっていると考えている。所知障に基づいて煩悩障ができているという見方をしているんですね。だから煩悩障だけを相手にしているんじゃなくて、理論も実践も、その基にある所知障をターゲットしているということが大事なところかな、と思います。

道元さんの師匠の如浄禅師も、そういうことを言っています。坐禅の時に邪魔になるものに、実は坐禅だけではなくて人生一般においてもそうだと思うのですが、「五蓋《ごがい》」というのがあります。これも仏教用語でして、われわれが本来有している仏性の輝きを覆って輝かないようにしているものがあるというイメージで蓋いというメタファーで、煩悩を五つに分類したものです。皆さんが坐禅をする時に、坐禅を上手くさせないようなものとして立ち上がってくる煩悩です。貪りや怒り、散乱する心とか沈滞する心、疑いといったものです。道元さんの師匠の如浄さんは、これにもう一つ「無明蓋」というのを足しているんですね。それで「六蓋」と言っているんですよ。普通、五蓋というのは、テーラワーダでも言っているけど、これに無明蓋を足して六蓋にしている。五蓋を全部克服しても、まだ無明蓋があるので終わりじゃないと。無明蓋を克服したら、そこで初めて五蓋の根っこがなくなるので、全て克服できるというような言い方をしています。同じ蓋でも、五蓋とこの無明蓋というのは水準が違うような話し方をしているんですよ。如浄さんにおいては無明蓋の方がより根源的なものとされている。

それで、この無明蓋とか所知障と言われているものの内実というのは、次のようなものの考え方を指しています。普通、僕らは、まず生というものがあって、その終わりに死というものがあると考えています。つまり、自分の人生を生から始まって死で終わるといういわば線分のイメージで考えています。おぎゃーとこの世の中に投げ込まれるようにして生まれてきて、この世界で大きくなって、ある時にこの世界からつまみだされるようにして去っていく。そして私が生まれる前も、死んでからもこの世界は変わりなく存在し続けている。僕たちはだいたいこういうふうに思っていますよね。僕もそういうふうに思ってました。こんなのはイヤダよ。いったいなんでこういうふうになっているのか、あまりにも不条理じゃないかと。高校の時に実存主義の人たちの小説とか、哲学書とか読んでいました。カミュとかカフカとかサルトルとか、ああいう人たちの基本的なエートスというか気分は、人生ってあまりにも不条理じゃないかというやつですよね。意味もなくこの世界に投げ出されて、しかもこっちが頼んだ覚えもないのに気がついたらこの世界に投げ出されている。それでつまみ出される時も、こちらの注文とか要求なんか全然聞いてくれなくて、いきなり虫かごから虫がつまみ出されてひゅっと捨てられるように、この世界からつまみ出される。そりゃあまりにもひどいよということですよね。そういう悲惨で不条理な人生の始まりを生と呼んで、その終わりを死と呼んで、その間を人生と呼んでいるわけです。それでこの始めと終わりの間の時間をうまく何とかサバイバルして、なるべく幸せに過ごすために頑張らなければならないと、人生がそういう「プロジェクト」みたいなものになるわけです。いい配偶者を見つける方法とかお金を貯める方法とか健康法とかいろいろな手を使って、なるべく快適な時間を、この虫かごの中でできるだけ長い間過ごそうということですよね。

でも、仏教では、そういうふうに思っているとかなり大変だよ、ということを言うわけです。ブッダもそういうことを思った。気がついたら王子さまに生まれていて、今は若くて健康で元気だからまあいいけど、そのうち年取って病気になって、死んでしまうじゃないかということですよね。イメージ的に言うと、滝に向かって川が流れていて、遊覧船が浮かんでいる。その船の中で旨いものを食べて音楽を聴いて、みんなでわいわい騒いで楽しく過ごしているけど、船は間違いなく刻々と滝壺に近づいている。そういう状況で船の中にいることを果たして楽しむことができるだろうか、できやしないよ、という歎き。そして、何でみんなそういうことに思いを致さないで、つかの間の快楽をむさぼっていられるんだろうか、という疑問を持ってしまった。快楽におぼれて我を忘れるわけにもいかない、かといってお手上げ状態のままで死ぬ時を待つわけにもいかない、いったいこの人生をどう生きたらいいんだろう、そういうふうにいてもたってもいられないような感覚は、僕も感じたことがあります。

ブッダは最終的にそれを解決したわけですけど、事実としてはブッダも老いて病に罹って死んでいるんです。じゃあやっぱり彼は失敗したのか。仏典には「私は不死を得た」とブッダが言ったと書いてありますけど、最後は死んでますよね。不死を得た人が死んでいるじゃないか、これはいったいどういうことなんだ、どういうふうに折り合いをつけるんだ？　ということになります。どうやら、ブッダは、生から死へと不可逆的に向かうという平板な人生の枠組みの中で解決したんじゃないな、ということはなんとなく分かりますよね。生から単純に死を排除して不死になるというようなのとは全然違う解決の仕方らしい。生と死を理解するそもそもの前提のところからラディカルに変更されている。そういうふうに考えてくると、今、永井さんがいったオスカー・ベッカーの死ねない、死なないのではなくて、死がない。死の余地がないという解決の仕方が参考になるのではないか。良道さんもそういうことを言っていたのではないですかね。

普通、僕らは常識的な線分的な人生観の枠組みの中で、死の問題を解決しようとしている。その前提を変えないで何とかしようとする。でも、そういう見方自体がもう所知障になっているというのが仏教の指摘なんですが、なかなかそこまで踏み込んで考えようとしない。というのは、とりあえず目の前の具体的なあれやこれやの悩み苦しみの方が優先順位が高いというんですかね、私の抱えているもろもろの悩みがとりあえず解決されればそれでいいんで、そういう前提のところまでいじる必要は感じないということなんでしょう。そんなところまでいじりたくないという根深い抵抗がある。煩悩というのは自分でもよく分かる。自分でその苦痛や不快感としてしみじみ感じられますからね。怒りとか悲しみ、痛みとか苦しさというのは手ごたえがあります。それがなくなればそれでいいんです。「ああ、良かった。嫌な苦しみがなくなった、めでたし、めでたし」。ところが前提そのものには痛みも苦しみも何も感じないですよ、当人にはあまりにも当たり前のことなので。でも、仏教はそこを問題にしている。それこそが旅人が来ている外套にあたるものなんです。外套を着ているので、重たいとか、暑いとかいう不快感は感じられるから、それは何とかなくしたいと思うけれど、そういうことは外套そのもののせいだからそれを脱がなければと気づくのは、なかなか僕たちには難しい。所知障というように「障り」という字が入っているけれど、いまどうしてもそれが障りとは思えない。それどころか僕らは結構、その「所知」でうまくやってきている感じがしているんじゃないですか。それを人間の奢り、仏教用語だと「慢」だと言っていいかもしれないですけど。

寒い時には暖房の温度をあげれば、外が寒くても中は暖かいから、これはOKですよね。それから、いろいろな手術や薬のおかげで、前だったら死んでいたような病気になっても、今だったたらなんとか死なずにすむようになった、これもＯＫです。生老病死という、存在の次元から僕らに目覚めるように呼びかけてくるメッセージを、なるべく見たり聞いたりしなくてもいいような工夫をこれまで散々やってきているから、ますます所知が障りであることに気づくのが難しくなってきた。でも死というのはやはり避けがたい。死だけじゃなくて老いとか病気もあって、生きている以上どうしたって直面しないわけにはいかないという現実が厳としてある。やっぱり所知障を放っておくわけにはいかない。

所知障に基づく死の理解の仕方というのは、禅の立場で言えば、「生死一如」という立場です。普通の考え方では生死一如じゃないですよね。生と死が別物として切り離されていて、生の終わりに死があると思っています。生と死は両立しようがない。けれど、生死一如だと、生のどこをとってもそこに死もあるよ、ということになる。内山老師は「生」という漢字の最後の一画を「死」という漢字の最初の一画にして、生死が一文字になった面白い漢字、「甠」を発明しています。一字で生死なんです。生と死という具合に二つに切り離されていない。ということは、生だけ、死だけということはなくて、どの時点でも生死一如なんですよ。だから、常識的な生と死の見方という一枚のカードでいくんじゃなくて、それとバランスとる感じで、もう一つ生死一如のカードも持っておくというのは、永井さんも言ったように、安心立命のために役に立つ、ということです。

生死一如だということを「なるほど、そのとおりだなあ」と体でうなづいていく、というのが仏道修行じゃないですか。死を生の最後だけに想定しないで生きていく。僕らは生と死を別物にしておいて両者の距離を測ってますよね。でも、生のあるところに死があるとすれば、生と死の距離はゼロです。自分の今いるところが生であり死であるという覚悟。覚悟というのかな、境地、境涯というのかな、そういうのが、生死一如で生きるということだと思います。それで、瞑想法でも、今のこの息が人生最後の息だと思いつつ呼吸に集中する、という瞑想法があります。それをやっていると、単なる考え方のレベルではなくて、情緒のレベルで死との距離がゼロになる。死との距離がゼロになったら、それはないのと同じじゃないですか。僕は、永井さんが言った「死がない」というのは、修行的に言うと、死との距離をゼロにする、僕が生きているということと死との距離がなくなるというかたちで、死を遠くに想定しない、ということだと思います。この今というところですよね、ここには死はないわけです。こういう形の不死というふうに理解しないと、不生不死というのがわからない。

道教の仙人が不老不死というのは、あれは単に生物学的な私が老いることもなくずーっと生き続けるということですよね。萩尾望都の『ポーの一族』のあのヴァンパイアの兄妹みたいに、大昔の写真にも主人公の若いヴァンパイアたちが写っているし、何百年後にもちゃんと同じ姿で活動しているといった、そういうイメージで考えています。僕らの努力は、死の時点をどんどん後の方に延期していこう、ということです。死という点で終わってしまう生をいろんなテクノロジーを使って、もっと後の方にもっていこう、線分の長さを単純に引き延ばそうという努力です。これは別に悪いことじゃないですよ。いずれにせよ人間は放っておいたら必ずそういうことをすると思います。でも、そういう形の不死とは全く違う形の不死というものを、仏教は提供しようとしているんじゃないかな、と僕は思っています。

山下　一照さんが最初に、北風と太陽と言われたけれども、瞑想の中に、北風だけじゃないし、太陽だけじゃなくて、この二つが同時に存在していて、この瞑想を、今までの間違った所知障のままにやるとどうしようもなく苦しくなる。それを手放すというのは、世間で暮らしている中では、非常に危なっかしいし、難しそうだけれども、瞑想の中では手放せるんですよ。それで手放した途端に、そこには強烈な喜びとか安心感とかいうようなものがあって、だから太陽として、外套をさっさと脱げるんです。なぜ？　手放したほうが楽だから、というんですね。

　というのがあって、それでちょっと戻って、永井さんが、自分は瞑想が上手くいくんだと言われていて、世界というのはそういうふうにしか見えない、そういうところから見るから、瞑想が上手くいくと言われていました。ということはつまり、マインドフルネス、一切何も判断しない、ありのままに受け入れる、「至道無難《しどうぶなん》　唯嫌揀択《ゆいけんけんじゃく》」の揀択を捨てる。そんなことは、この俺ができるわけないんですよ。なぜならば、俺というシンキングは、判断そのものだし、好き嫌いそのものだし、揀択そのものだから。じゃあ、なぜ我々がそういうことをできるのかと言ったならば、立っている場所が違うからですね。そこに立つからこそ我々は、平板な世界にある全ての物事に対して、一切判断することも揀択することも好き嫌いすることもなく、ただあるがままに受け入れることができる。だから、この知的な理解と実際の瞑想、マインドフルネスでもいいんですけども、この二つがないと、何も全く始まらない。瞑想を間違った世界観のもとでやったら絶対無理です。これは皆さんご承知の通りだし、それでこの世界観を本当に理解するためには、やはりその場所に立って、一切の判断をしない、好き嫌いしない、揀択をしないということを、本当に心に刻み込んでいくしかないのではないのかな、と思ってしまう。その時に、修行とそれとが一致して、ということになると思うんですよね。

藤田　立ち位置とか世界観と良道さんが言っていることですけど、普通だと、修行によってそれを変えなければならないというように理解して、修行の成果として世界観の転換なり、パラダイムのシフトなりを起こそうとするわけですよね。でもそれはそうじゃなくて、修行の最初にそのパラダイム転換が起こらないといけないいんじゃないですか？　修行の結果か前提かというのでは大分違いますよね。パラダイムシフトを修行の結果として想定しているのか、最初にそれがないと修行が始まらないのかというのとでは。

山下　だけど、例えば皆さん、マインドフルネスの説明を聞いてきたと思います。あるがままに、判断なしに、好き嫌いなしに、観察しなさいと。でもそんなことできますか？　できないですよ、そんなことは。なぜかと言うと、我々のシンキング・マインドでは絶対にできないからです。シンキング・マインドは、好きだの嫌いだのと判断ばかりするものなので。だから、最初から世界観の転換を迫られている。世界観が転換した上での話です。

藤田　永井さんが瞑想を最初にやった時、それは別に哲学的思索のためじゃなくて、たぶん自分の精神的安寧のためだったと思うんですけど、瞑想をした時に、始めからわりと上手くいったそうです。それは始めからもう、世界観が変わっていたからじゃないか。常識的な「私」じゃなくて、全く別の在り方をしている、瞑想にもってこいの〈私〉に慣れ親しんでいた（笑）。瞑想に向いているもう一つのモードがすでに用意されていた。瞑想というのはそもそも普段の「私」ではなくて、〈私〉のためにデザインされたものだったから、すんなりできてしまった。僕が坐禅をするのに随分苦労したというのは、いつもの「私」の頑張りで何とか自分のマインドを思い通りに調教しようというようなやり方で、坐禅をしようとしたせいだったんですね。それは、アクセルを踏みながらブレーキを同時に踏むような感じで、苦労多くて益少なし、がんばっているわりには前に進まない、いつまでも同じところで停滞している、そういうことになったんじゃないかなと思います。だから、永井さんの場合は、僕が所知障という言葉で言おうとしていたものを、哲学的な訓練と言ったらおかしいけど、そうとは知らずにだいぶクリアに整理できていたから、最初からむだな苦労をしないで瞑想ができたんじゃないのかな、というふうに見ているんですけど、その点はどうですか？

永井　その点に関してはそうだと思いますけど、これをあまり強調しすぎると、これが正しいと皆さんが思うといけないので、第一歩として役に立つことは、たぶん本当だと思うんだけど。これでずっとやってってっていいのかどうかは、私は責任が持てない。

藤田　いえいえ、別に責任を取ってくれと言っているわけではなくて、たまたまそうなったというか、そういうこともあり得るということです。誰でもそうなるというような一般論ではなくて、世界観の入れ替えをしてからのほうが、瞑想がうまくいくという好ましい一つの実例かなということです。

一人称の死・二人称の死

永井　はい。後のことはそちらにお任せします。あとちょっと、良道さんに質問があるんですけど、さっきお父さんの話をされたけど、私がやった話はずっと一人称の話ですよね。でも、お父さんは二人称じゃないですか。

山下　三人称もありますが。

永井　三人称でもあるけど、向き合う相手だから二人称じゃないですか。二人称の死というのは、まあ、三人称の死というのは単に客観的世界での「落命」に近い感じだと思うけど、それとは違って、二人称の死というのは独自の問題があって、これはもっと複雑だと思うんですよね。そのあたりちょっと、一人称と二人称とでどこらへんが違うかということはありますか？

山下　私は、父親が実際に死んだことに関して、はっきり言って何も動揺しなかったんですよ。というのは、父親は確かに私にとって父親だから、ある意味二人称だし、あるいは他人であるから三人称でもあるんだけれども、結局、父親は死んでないということを本当に実感できたのは、たぶん私が父親の立場に立ったからだと思います。私が父親を外から見るのではなく、父親の立場に立ったところで、父親という私が一人称になった、とも言えるのかな。そうしたら、一人称としては死ぬわけないよね、ということが実感できた。だから、私の父親は山下良章という名前なんだけど、山下良章というある他人が死ねるか死ねないかじゃなくて、私はやはり父親だからその中に入ってしまって、一人称としてそう自覚したという感じですかね。

藤田　現実的にはまあ、お医者さんは死亡診断書書いてるわけだから、山下良章さんはただ今、何時何分にお亡くなりになりました、ご臨終ですと言われたよね。それでも良道さんは、「いえ、父は死んでません」と言うけどね。

山下　夜中に電話が掛かってきて、父の死の知らせをうけた時はものすごいショックを受けたわけですよ。それで、父親は介護施設で死んだので、翌日、前橋の施設まで行って、父親の遺体に出会ったわけです。そうしたら、不思議にも、ああ、死んでないわ、と。死んでますよ、もちろん。心臓は止まっているから。

藤田　そこに遺体はあるけど、山下良章は死んでない。

山下　死んでいないということは、本当に疑いないですね。

藤田　それは他の人が納得できる形では証明できないですよね。

山下　証明できない。

藤田　それは、永井先生が〈私〉は証明できないというか、無だから証明も何もない、というのと似ていますかね。

永井　そうですよ。なおさら、もう一段深く証明できませんけどね。

藤田　でも、それは単なる信仰とも違うよね。「誰が何と言おうと父は生きているんだ！」とかたくなに信じ込む、ということじゃない。

山下　信仰というのは、やっぱり何か無理があるじゃないですか。だけどそれは、無理はないんです。

永井　これは、前にやった慈悲の話と関係あるね。

藤田　そうですね。

山下　だから慈悲の対象が他人ではないということですね。

永井　慈悲を向ける対象というのは、結局、自分である。というとおかしいけど、いま、良道さん、何ておっしゃいましたっけ？　立場に立つ、か。立場に立つのというのと非常に近いかと思うんですけど、どうだろう？　似ていませんか？　お父さんに対する態度というのと、前の、誰かに対して慈悲を向けるということとは。

山下　例えば、一番標準的な慈悲だと、私、好きな人、それから赤の他人、そして嫌いな人、この四つ。まあ、最後に生きとし生けるもの、があるけれども。これはみな同じなんですよ。五つの対象は五つ違うように見えるんだけれども、みな同じで、なぜ同じなのかと言ったならば、どこに立って慈悲を送っているかということで、それが一法庵の用語だと、「青空」に立っているという。

藤田　それは、全部として受けとめられているということが、一人称？　ということは、自分の中味になっているんですね。

山下　そう、そうかもしれない。だから「青空」に立つということは、世界が全部一人称になっちゃうことで。だから、好きな人も中立的な人も、そして嫌いな人ですら、抱きしめることができる。

藤田　すべてが一人称の中身だから？

山下　一人称だから。

藤田　全部が一人称になると、もはや一人称と呼ぶのは変だけど、ひとまずそう言うとしたら、全部だから一人称。あらゆるものが親密な感じで体験されるわけですね、一人称だから一番親密な身内になっている。三人称というのは言うなれば水くさい関係でしょ？　二人称になるとかなり親密で、一人称は親密だと言うことすら必要ないくらい親密で。〈私〉の中身だからね。ということは、慈悲の瞑想というのは、普段、僕らが一人称、二人称、三人称という形で人称というもので人やモノを区分けしているのを、全部取っ払って、人称的見方を止めてしまって、全部一人称にする、という感じですかね。人称を越えるということですか。

山下　そうじゃないと、慈悲を送ることができない。絶対できない話ですね。

藤田　永井さんの〈私〉も、世界の中味が全部〈私〉ですよね。世界を紡錘形に描くとすると、その内側に人やモノがいっぱい詰まっている。で、この紡錘形の端っこの一点に私の目がある。そういうイラストが永井さんの本の中にあったと思うんですけど、あの絵はすごく面白い。〈私〉は世界の中にはいないわけです。始めの方で、永井さんが「なぜかその目からだけ世界が見える」と言いましたけど、あれがそれを図にしたものになっている（一八九頁の左図、参照）。「アイ・アム・ザ・ワールド（私が世界である）」（笑）。

永井　そうですね。

藤田　それが一人称の世界ですよね。

永井　そういうふうに見えるんです。それが普通なんです。

藤田　それでは、死ぬというのは、この図でいったらどういうふうな説明の仕方になるんですか？　これはぜひ聞いてみたかったんですけど。

永井　これは空間的な図ですけど、これを時間的に考えれば、もう死なないですね。この内部しかないわけですからね。

藤田　それが永遠という意味ですね。

永井　これは空間ですからね。空間で考えれば、これしかないわけですから、空間的に限界はないということになるけど。

藤田　時間的に考えたら、これしかないいんですよね。

永井　時間的に考えたら、時間的にこれしかない。

山下　だから、私がいて、机が客観的に存在するなんていう世界観は、嘘なんですよ（笑）。嘘だから……。

藤田　嘘というときつすぎるから（笑）、いや、一つの解釈にすぎないと言った方がいいんじゃない？

山下　うーん、解釈かな（笑）。単なる解釈ではないと思うよ。

藤田　作られたものと言ってもいいと思います。仏教では「仮設《けせつ》」、仮に設けられたもの。

山下　解釈なはずなのに、それを全く客観的に、疑いすら持たないところが……。

藤田　みんながみんな、一斉にそうやってるからね。みんながそれで合意して、契約じゃないけど、合意しているから。コンセンサス、満場一致。だからそれと違うことを言うとプレッシャーがいろいろかかる。

山下　合意しているけど、だけど本当のところはそれは作り物で、単なる社会的行為に過ぎないということは、もうそろそろ言うべきなんじゃないかなと。

藤田　別に言っても法律違反じゃないから、言いたかったら言ってもいいと思うけど、みんなの反応はどうかなあ？

山下　言った方が、楽に生きられるし、幸せに生きられるし。

藤田　きっと死もあんまり恐れなくてすむでしょうね。

山下　言わない限り、やはりこの世界はつらいですよ、生きていくのが。それで、特に人生後半戦になってくると、やはり暗い影を落としますから。

◎質疑応答

——永井先生のお話を聞いてきて、永井さんの〈私〉というのが、どうやらあるらしいというのは分かりました。それで、自分にとっての、私にとっての〈私〉というのもあるわけで、それが全てなのか。そうすると世界は、永井さんの〈私〉と私の〈私〉が、ラップのように重なってるの？　それともそれは一つなの？　父親や母親はもう亡くなりましたけど、彼らの〈私〉は今どこにあるの？　ということをお聞きしたいと思います。

永井　これはちゃんと話すといろいろなことが言えるんですけど、要するに、厳密に言うと「誰々の」というのはまずいんですよ。「誰々の」と言うと、そこでもう、〈私〉以前に、いろいろな人間が存在していることになってしまいますから。世界は実はそういうあり方をしていないよ、ということこそが話のポイントなのに。そういうふうに各人化できないことを、そのできなさを問題にしたいのに、伝達するときは、本質的にそういう伝達の仕方しかありえませんよね。だから、この話は言葉が前提にしている世界観と折り合いが悪いんです。

藤田　二つの〈私〉はないわけですよね。並べられる、一、二と数えられるような〈私〉はないので、重なるも重ならないもないんですよ。でも僕らは、言葉を介して共通のそういう認識があって、特殊なこの〈私〉と、類推された、いろいろ各自が持っている〈私〉を並べて論じるから、重なっているとか、どこいったんだって話になるけど、本来そういう議論ができない性質のものということですよね。だから、これがなぜ通じるのか、ということですね。

永井　それは不思議なんだけど、それはここでの問題というより言語のほうの問題ですね。

藤田　理解された途端に土俵から外れちゃう、という面がこの議論にはあるんで、これが変というか、不思議なところなんですよね。でも永井さんはそれを理解したくて、いろいろ思索して本を書いているわけですけど……。

永井　そうそう。これは、伝達した途端に、伝達しようとしたこととは違うことが伝達されてしまっている、それでもやはり伝達しようとしたことも、伝達されてはいる、という素晴らしい話です。

藤田　非常に禅的な話ですね（笑）。

永井　本質的に禅的ですね。

――どうもありがとうございました。ただ、もう一つだけ聞かせていただきたいのは、今度は山下先生のお話から思ったことですが、今のような考え方、それぞれが持っているのではなく、それらは同じというか、そういう議論を越えたところにあるよ、ということを、実際の実感として得ることができるぞ、だから安心してついておいで、というのが山下先生のおっしゃっていることだと思うので、そう考えてよろしいですか？

山下　明日、日曜坐禅会がありますので（笑）。午後一時から、どうぞいらしてください（笑）。

藤田　あ、僕も坐禅会やってますけど（笑）。

――プリント資料にある、〈私〉が「時間的にもすべてでありかつ無」ということがちょっとよく分からなくて、「唯一の私」の世界の中で、時間というもの自体を構成している、というようなとらえ方でいいのか。もしそうだとすると、「独今論」というか、今だけ、という考え方を前提してないとそれは無理だろうし、別の今、ということをどう考えるか、あるいは排除するということになるのか。そのあたりをおうかがいしたいです。

永井　これって、〈私〉と〈今〉とを一緒にしないとだめですね。〈私〉と〈今〉の関係は、実は複雑というか、ある意味単純で、〈私〉と〈今〉は同じものだ、と考えることもできるんですね。分離自体が、人称と時制という形での分類が生じた時に生じるんで、本来は、〈私〉と〈今〉は同じで、〈私〉とは必然的に〈今〉にあるものだし、〈今〉というものを考えたら、必ずそこに〈私〉がいますからね。合体したものだと考えることができて、そういうふうに取れば、この話ができるんだけど、今回は〈今〉についての話はあまりしてないので、プリントではちょっと簡単に書いちゃってるんですね。「時間的にもすべてでありかつ無」と言う時に、どうしてこうなるか、何がそうであるか、〈私〉と〈今〉とを一体化させた時にそうなる、ということがあまり書いてないので、ちょっと舌足らずで、申し訳ない。

藤田　〈私〉がすべてで無でもあるというところは分かるんですか？

――それ自体は分かるんだけれども。

藤田　それが時間的と言われた時にピンと来ないと？

――はい。

藤田　ここは永井さんがあまり説明せずにスーッといったところですからね。

永井　そうですね、じゃあここは削除しましょう（笑）。削除してもこの話は十分通じるんで、これはちょっと筆の滑りだと。というか、筆の滑りじゃなくて、言えるんだけど、ちゃんと言うには、もっと他のことを、〈今〉の問題として、独立にしゃべって、それから結合しないとだめですね。

藤田　三分くらいでは無理ですか（笑）？

永井　三分は無理ですよ。

藤田　じゃあ四分では（笑）。

永井　いや、さっきちょっとしゃべりましたよね。〈今〉でも同じなんですね。〈今〉に関しても同じことが言えるんだけど、ただ、〈今〉と〈私〉の結合の話は難しいですね。これはそう簡単な話じゃなくて、独立に考えることもできるような感じもあるでしょ。つまり、〈私〉がいなくとも〈今〉だけあることが可能であるような感じもするでしょ。その逆の、〈今〉がなくて〈私〉だけあることの方は無理そうだけど。

藤田　ああ、無理でしょうね。

永井　無理だよね。だって、今は、いつも今だもんね。今以外にいない。過去と未来にしかいない〈私〉って意味も分からないですよね。〈私〉はつねに〈今〉においてある。今がなかったら、過去とか未来も言えないわけだから。必ず〈今〉とくっついてますよね。

藤田　ちょっとお聞きしますが、永井さんは最初に、〈私〉ということに疑問を持ったんですか？　〈今〉の方が先なんですか？　問題として取り組んだのは順番としてどっちが先だったですか？

永井　〈私〉が先ですね。〈今〉の話というのは、それと同じことが、〈私〉について考えてきたのとほとんど同じことが、〈今〉なんて全然違うものについても言えるということに、ある時、思い至って、びっくりしたんです。だって全然違うじゃないですか。私は人間だし、今は時間だから、全然関係ない。全然違うものなのに、ロジックとか形式とか構造とか、ほとんど同じことが成り立っていて、こりゃあ何でだろう、と。もう一つは、ちょっと哲学的な問題ですけど、その二つ以外には何があるかということに興味があって、実はあまりないんですよね。

藤田　例えば、「ここ」という問題がありそうですけど、「ここ」は、今と私から導き出せるから根源性の度合いからすると、今や私より劣るところがありますね。

永井　そうですね。ここは、私が今いる場所のことなんですね。だから私と今から出てくる。そういう関係とは違って、今と私の結びつきには微妙なところがあって、必ずしもそういう論理的な繋がりはなくて、仲はいいけど一心同体ではない、というようなところがある。だから、今日のような話をする時にはそんなにこだわらなくてもいいと思うけど、哲学的に厳密にやる時には、もっと細部を詰めないとまずいんですね。

――私は死なないとなった場合に、その確信もやはり今、時間というものが入ってこないと、整合性というか……。

永井　今ではなくて一般的に時間的なことを考えて、〈私〉というのは「時間的にもすべてでありかつ無」だという話で、現在・過去・未来という区別とは独立に、〈私〉の時間的延び広がりだけで言うこともできて、ここではそれでもいいんじゃないですか。

――私自身の延び広がり、時間的な、ですか？

永井　そうです。本当はまずいんですよ。なぜまずいかと言うと、〈私〉というのは、延び広がる時には、記憶とかそういう何らかの媒体を使って繋がることになるので、そういうふうに繋がることによって内容が入ってきちゃうので。でも、ここではそういう精密な話はしないで、ただなぜか〈私〉であるということだけによる連続性を考えてよいとしているわけです。

藤田　時間の幅を考えるという意味ですか。時間的な延長。

永井　そうです。

――現在の今の中に、全ての時間、それは客観的な時間ではなくして、自分としての時間が全て盛り込まれる？

永井　そういうふうに〈今〉の方から考えていってもいいし、その方が厳密な話になるのですが、ここではもっと普通に、常識的に、〈私〉がずーっといると考えて、いる間しか他の何も存在しない、と。その期間しかないんだけど、それをその外から見れば、〈私〉もまた死んでいくことになる。死んでいくというのは、ちょうどアキレスが亀を追い抜くというのと同じことですね、外部の何かを想定すれば、常識的に追い抜いていきます。しかし、〈私〉は、外部がないとアキレスが亀を追い抜けないように、どうしても死ねない。なぜなら、その後は文字通りの無で、存在しませんから。無は、その外から見ることができれば、ここに存在があってここに無がある、というふうに見ることができるけど、それは実はできない。そういう観点は端的に無いですからね。そもそも、本当に無いんですよ、これは。無いっていうのは、たまたまこっちの主観的な観点に立ったから、という話ではなくて、現実に、初めから、端的無い。あるというほうが後から作ったお話で。

藤田 直線の中の点になって、終わりの方を線の内側から見ているわけですね。でも、線分の外側から見ると、線の端に死があるように見えますね。でも、線の中の人にはそういう眺めは持てない……。当事者と傍観者の眺めの違いですね。

永井 実は傍観者の視点には決して立てない。でも、人間は、この世の中で生きている限り、立てるかのような見方を押しつけ続けられますからね。原初の、自然なものの見方に戻るのに、かえって哲学とか瞑想修行とか、変わったことをしなければならないことになる。このことを知的に理解して、かつ実感できると、見え方が変わるということですね。

――外部から決められているんではなくて、内部の世界しかないわけだから、宇宙に果てがないのと一緒で、それ自体が膨張し続けているような。

永井 そう言ってもいいですね。宇宙というのを森羅万象と考えればね。森羅万象に果てはないですから。

藤田 だからさっきの僕の言い方でいえば、いつも死と一緒にいるということなんじゃないですか？ だから向こう側に死は見えないわけですよ。どこを取っても、どの瞬間も今一番新しい瞬間なわけで、死というのは、その瞬間にあるわけだから。傍観者になって外から見るとあるけれど、生の真っ只中の当事者から見たら、線の切り口しかないんですから。そして、生の傍観者になることは現実にはできない。なれると思うのは生を抽象化して考えているからです。

永井　死に近づくことはできる。

藤田　近づくことはできるけど、死にはタッチできないですよね。

永井　そうですよね。アキレスは亀に近づくこと、近づいていると思うことはできるけど……。

藤田　でも追いつけない。

永井　だから死ねないということです。

藤田　視点の変換ということですけど、線の中で見るのと、線の外から見るのと、なるほど、全然違う感じがしますね。

――永井先生の、自分は死ねないというのだったら頭で理解できるんですけれども、その立場に立つと、先ほど山下先生がおっしゃっていた、父親が死んでいないというのは、どうしてなんですかね。気持ちの理解としては分かるんですけど、事実としてはどうしても理解ができなくて、それについて、永井先生がその言葉をどのようにとらえられたのかを聞きたいと思います。

永井　僕が説明したことは、もっぱら第一人称の話で、〈私〉に関してそれが言えるということですから、〈私〉以外の人に対して言えないのは自明のことなんですね。でも、その話を、もうこういうふうに皆さんに向かって言ってしまっていますから、さっきもちょっと言ったように、こういう哲学的な言葉の使い方が可能でもあるわけです。構造上はそれと同じことなんですけど、中身はやはり違って、良道さんがさっき説明されたように、その立場に立ったということは、彼、お父さんのことを彼と言っていますが、彼の〈私〉であるから、ということになりますね。彼の〈私〉という観点には本当は立てないはずなんですけど、これってちょっとすごい話で、アクロバティックというか、めくるめく話じゃないですか。そういうことがあるということは、どうなのかな、自然にあるわけではなくて、やはり哲学や宗教の領域に入るんじゃないのかな。

山下　だからね、うちの父親の名前は山下良章なんだけど、山下良章は私にとっては父親なんだけど、他人なんですよね。だからそういう意味では、いま永井さんが言われたことは当てはまらないんですよ。そうなんだけれども、永井さんは、自分の死はない。私、山下良道の死もない、ということは自覚できる。そしてこの山下良章という、一年半前に死んだ父親は、私が父親のところに入ることで、山下良章の死もないということが、おまえは山下良道だろ、と言われたらそれまでなんだけど、だけど、それは単なる推論ということではなくて、私にはそう感じられたということですね。だからそういう意味で、山下良章というのは一人称になってしまったんです。

藤田　外挿法って言うんですかね、私の場合に成り立つことを、まさに別の人に挿入したというか。

永井　まあ、本当はそうできないはずなんだけど、今の哲学的な説明の時もそうしていますよね。これは知的なものだから、お父さんの話とは違うけど、でも、説明する時はまさにそれと同じ関係に立って、こういうことが皆さんにも言えるでしょう、と言っていますね。こういう哲学的な説明の時と宗教的なあり方の時とで、同型のことが起こるんじゃないでしょうか。

藤田　そうやって、僕らはコミュニケーションを成り立たせていますよね。それを死に関しても、応用という言い方はおかしいけど、ただ適用しただけってことだから、僕はそんなにアクロバティックとか言わなくても、十分あり得ると思います。でも、シンキング・マインドでは無理ですよ。思考では無理ですけど、ハートというか心情の世界ではできる。僕は最近マインドとハートと言って区別しているんですけど、情緒とか、心情というところでは、そういうことが許されると言ったらおかしいけど、ごく自然にあり得るのではないかと思います。

―― 心情だったら分かるんですけど、ロジックで言うと、逆に他人しか死なないんじゃないかと思う時もあるんですよ。

永井 それはそうなんですよ。そこが出発点ですから。しかし、他人じゃなくなることがあって、世界の中にあるものの一つでなくなると、そこから世界を複数化する思考が可能になりますよね。

―― なるほど。中心をそっちに置いたという感じですね。

永井 そうです。それは可能だと思います。

山下 他人は死ぬんだけど、他人じゃないから死なない。

藤田 そういうふうに言えばいいんだよね。

―― 分かりました。ちょうど父が、年齢もあってそろそろそういう時期なので、そういうふうにするようにします（笑）。

藤田 ティク・ナット・ハンさんは、「あなたとお父さんは別じゃない、あなたはお父さんの分身ですよ、だからあなたもお父さんですよ」という言い方をしていますし、「お父さんはあなたですよ」と、そういう言い方もしています。彼独特のタームである「インター・ビーイング」という考え方ですね。どんな存在も単独で在るのではなく、「インター」つまり「〜の間、相互に」という関係の中で在るということです。お父さんがいなければあなたもいないし、あなたがいるということはお父さんがいるということだ、というような。

——自分自身が不死とするんであれば、自分の近しい人、大事な人も不死だということですよね。

藤田　はい、どれくらいそれが広げられるかということですね。

鼎談の後に（一）

藤田一照

本書のもとになった鼎談が行われた教室は毎回、聴講者が百名を超す満席の大盛況状態であった。当事者のわれわれもそれほどの数の人たちが聞きに来てくれるとは予想していなかったので、正直驚きを禁じ得なかった。

わたしと良道さんは二人とも、日本の大多数の僧侶たちのように檀家制度の上に成り立つ寺に住することをせず、日本だけでなく海外でも従来の仏教とはかなり違う切り口で仏教を語り、独特のスタイルで実践の指導をしている。そのような二人が言い始めた〈仏教３・０〉という聞きなれない表現で示される仏教のあり方をテーマにして、独自の問題意識と視点で哲学的探究を展開している最も哲学者らしい哲学者を迎えて、三人がライブで「哲学する」というのだから、われわれが三者三様におこなっているそれぞれの活動に注目している人たちや、広く仏教や哲学に関心のある人たちには、ある意味で見逃せないイベントだったのかもしれない。

われわれの話に熱心に聞き入る多くの真剣なまなざしを肌で感じながら、心地よい緊張の中で三人の間での生き生きとしたやりとりを愉しむことができた。聴講に来てくださったみなさんには心から感謝したい。その鼎談がこうして活字となって、さらにより多くの人たちに届けられる運びとなったのは、鼎談者の一人としてなによりうれしいことである。ここで語られていることの何か一つでも、読む人にとって良き糧とならんことを祈っている。

この鼎談を最も喜び、愉しんだのは間違いなくわたしだったと思う。まだいろいろな点で未熟なままの〈仏教3・0〉を、これからさまざまなチャレンジや試練にさらして、さらに成長させていかなければならないと思っていた矢先、そのための試金石としてこれ以上は望めないと思えるような格好の相手である永井さんが現れてくれたからだ。永井さんは『哲おじさんと学くん』（日本経済新聞出版社）の中で、「問いにおいて科学に対立し、答えにおいて宗教と対立する」という意味で、「哲学には科学と宗教という二種類の敵がいる」と書いている。この考えに心から賛同するわたしは、〈仏教3・0〉もまた、そこで言われている科学でもなく、また宗教でもない、永井さん的な意味での哲学にしていきたいと思っている。

だから、そういうスタンスで哲学の道を歩んでいる当の本人と直接話ができるこの機会を最大限に活かして、そのための手ほどきを受けるつもりで、本番の鼎談の時だけでなく、事前の打ち合わせの時も、永井さんにいろいろとしつこく質問したり愚見を述べさせてもらったりした。永井さんには、わたしや良道さんにつきあうべき何の義理もないし、哲学者としては何のメリットもない（仏教の僧侶たちと公開の場で議論するなどということは、むしろディメリットの方が多いかもしれない）にもかかわらず、快くこの企てに参加していただき、嫌な顔をせずフレンドリーにしかも真摯に相手をしてくれた。そのことに対して感謝の言葉が見つからない。

おそらく永井さんとしては、本当の意味での「哲学する」という営みは、こうした鼎談の形ではほとんど不可能であり、それは一人で孤独に、そしてもっと自由に緻密になされるべきものだと考えているに違いない。だから、われわれとの鼎談では哲学者としてはかなりの不自由感や欲求不満を感じたのではないだろうか。そのような思いをさせておいて厚かましいお願いではあるが、それをすっきりさせるためにも、西田幾多郎についてそうしたように、永井さんが注目しているという内山興正老師をダシに使って哲学した本を、今回の鼎談を踏まえてぜひ書いていただきたい。

さらに願わくは、たとえ「仏教は間違っている」という結論になってもいいから、仏教そのものを俎上に載せて、存分に哲学した本をいつかものしていただきたいと思う。今回の鼎談が、仏教に対する興味をより失わせるのではなく、逆により踏み込みたくなるような興味をかきたてるささやかなきっかけになれば幸いである。

鼎談を終えた今、「比類なき私」と無我、「比類なき今」と無常、〈私〉から「私」へのすり替え（頽落）と苦、「本質なき実存」と涅槃、……といった永井さんの哲学的コンセプトと仏教の基本教義の突き合せや比較・照合、そのことを通して仏教をよりダイナミックで立体的なものにアップデートさせること、そして坐禅という行の意味と実際をそこから改めて解明し直すという、まだ誰も試みていないであろう興味深い作業が、〈仏教3・0〉の今後の展開の方向性としてわたしの前に大きく開かれたような気がしている。

果たして自分にそんなことができるのかどうかはやってみないとわからないが、とても楽しみな探究課題であることは、自分のハートがワクワクしていることからも間違いない。このことが、わたしにとって今回の鼎談の大きな成果の一つだと言える。永井さんにはた迷惑なことだとは思うが、今後ともおつき合いを続けさせていただき、この問題の解明に対してのご意見ご教示をお願いしたい。

良道さんはおそらく、永井さんの「独在性の哲学」に触れるのはこれが初めてのことだっただろう。だから、最初のころは、〈仏教3・0〉と永井さんの哲学的議論とがどう結び付くのか、たぶんピンとこなかったのではないだろうか。しかし、鼎談や事前の打ち合わせを重ねる中で永井さんの話を聞くうちに、その重要性や必然性をだんだん理解できるようになってきているらしいということが、傍から見ていてはっきり感じられた。〈仏教3・0〉論が仏教の内部での閉じた議論にとどまることなく、より広い文脈で開かれた形で検討されるようになるためには、永井さんの「独在性の哲学」と綿密にすり合わせて行くことが、その一つの有効な手段になり得るという感触がわたしと良道さんとで、ある程度共有できるようになったことが、わたしにとってのこの鼎談のもう一つの成果だろう。彼がよく使う「青空と雲」のメタファーに永井さん的な観点が加わることで、この先どのような深まりが生まれてくるのだろうか？

わたしと良道さんは同じ一つの〈仏教3・0〉を奉じているわけでもないし、二人で共同して一つの〈仏教3・0〉を作ろうとしているのでもない。ただ、仏教に対する認識や実践の方向性において一定の共通性があるという点で、緩い一致があるとお互いが思っているので、その部分を〈仏教3・0〉と仮に呼んでいるだけなのだ。二人とも両者の違いを強いてなくそうとは少しも思っていないから、お互いを意識しながらもゴーイング・マイウェイでいいのである。〈仏教3・0〉には「幅」があるのだ。

　だから、永井さんは「一照さんは1・0に近い3・0、良道さんは2・0に近い3・0」と、われわれのことを評している。このたびの鼎談を通して、それぞれ二人が得たものはおそらく違っているのだろうが、それは今後われわれがここからさらにどういう道を辿っていくか、その軌跡が自ずと示してくれるだろう。次にこういう機会に恵まれた時、彼の「ワンダルマメソッド」がどのような変化を遂げているか、それを見るのを楽しみにしている。何はともあれ、『アップデートする仏教』の対談に続き、この『〈仏教3・0〉を哲学する』という鼎談に積極的に加わってくれたことに改めて感謝したい。

　わたしはしばしば、「これまでの仏教」と「これからの仏教」という言い方をすることがある。それは「これまでの仏教」をいかに伝承し、そこから「これからの仏教」をいかにして創造していくかという問題意識の表明である。それを一言で言った（つもりだった）のが「アップデート」という表現だった。仏教史の上でそのようなアップデートが行われた例としては、インドにおける大乗仏教の興起、中国における禅の勃興、そして日本における鎌倉仏教の誕生が挙げられるだろう。そろそろそのような意味での仏教のアップデートが起こらなければならない条件がそろってきているのではないだろうか。

　都心の一角で行われたわれわれのささやかな鼎談も、後で振り返ればそのような大きなアップデートのうねりの一部だったことが判明するかもしれないが、それを自分の眼で見届けるのはもとより不可能だ。できることといえば、そうであることを願いつつ、この先も自分にできる形で「現代に生きるこのわたしにとって本当に意味のある仏教とはどのようなものか」を模索し続けていくだけだ。

最後になったが、この鼎談の担当者としていろいろお世話いただいた朝日カルチャーセンター新宿の荒井清恵さん、鼎談を本にする上で多大なる編集の労をとってくださった春秋社編集長の佐藤清靖さんに厚くお礼を申し上げる。

二〇一六年八月　三浦半島葉山の仮寓にて

鼎談の後に（二）

永井　均

このような鼎談を、しかも三回もすることになるとは、どんな風の吹き回しか、まことに不思議な（仏教的に言えば）ご縁であったというほかはない。まったく稀有な体験であった。

私はひじょうに若いころから仏教というものに興味を持ってはいたが、よく理解できないところの多かったナーガルジュナの『中論』と道元の『正法眼蔵』を別にすれば、少なくとも理解できる仏教書を読んでその内容に感心した覚えがない。主張内容が幼稚すぎるというのは私の偽らざる感想であった。たとえば無常ということがしばしば説かれ、この世のすべてのものは生滅・変化して同一にとどまることがない、などと言われる。しかし、そもそも生滅や変化は何かが同一にとどまることを前提にして成り立つ概念である。たとえば運動（空間的位置の変化）であれば空間の同一性・不変性が前提となる、というように。この世のすべてのものが無常であるなどという教説はそもそも意味をなさない。仏教書にはこの種の馬鹿げた（幼稚な）教説が多く、多少とも知性と思考力を持った読者を想定しているとは思えなかった。

それでも私が仏教に対する興味を失わなかったのは、坐禅と瞑想の実践を通じてであり、単純そうに見えるこの実践には、複雑そうに見える（が実はつまらない）仏教の諸教説を超える深い意味があるに違いないと感じ続けてきたからである。私の瞑想実践の経緯については参考文献に挙げた香山リカ氏との対談に詳しく、仏教3・0とのつながりは本文中に詳しいので、ここでは繰り返さないが、ポイントは要するに、私は仏教の（通常の）教説を（ほぼ）無視して自分の哲学に基づいて坐禅と瞑想をしてきた、ということである。それがじつは仏教と繋がっているのかどうか、繋がりうる可能性が垣間見えはしたが、鼎談を終えた今でも確信が（じつは関心もだが）持てない。他のお二人は決して言えない、私なら問題なく主張できる一つの可能性がある。これは仏教は間違っていて私の哲学が正しいという可能性である。私は当然のことながら、そうであるほうがよいとまでは思わないとはいえ、そうであってもよいとは思っている。

まずは、本文において私が語っていることについて、重要な補足を述べておきたい。第一章と第二章は、基本的にはこれまで長年考えてきたことを言っており、内山興正解釈は新しいとはいえ、その解釈視点自体はやはり私にとって古いものである。しかし、第三章はたまたまその時点で考えたことを言っているので、まだ体によく馴染んでいるとは言いがたい。そこではまた、私が考えたことと言うよりは、私が読んだものに依拠している部分も多い。まず、オスカー・ベッカーについては、谷口一平くんの修士論文にかなり多くを依拠している。彼はベッカーのもう一つの側面である数学論をあわせてベッカー紹介の一書を著す予定のようなので、その際忘れられた思想家オスカー・ベッカーの全貌が露わになるに違いない。その後のアキレスと亀についての部分は、植村恒一郎さんの『時間の本性』と青山拓央くん『タイムトラベルの哲学』における画期的な解釈に大きく依拠している。(ついでながら、この二人は独立にこの画期的な解釈に達しており、私は当時たまたまその様子を同時に目撃できる位置に立っていた。)その他にも、記憶が定かではないが、かなり以前に読んだモーリス・ブランショのハイデガー批判からの影響も残っている可能性がある。

次に、さほど重要ではない補足を二つ三つ。

第一章、第二章に関連して、ひょっとすると私がいちばん仏教2・0に近いかもしれない、と感じた。というのは、私は個々の雲をいちいち観察することにも意義はある、と思うからである。その作業によって、映画の比喩を使うなら、自分はどんな映画を見るように出来ているのかを観察し、自分のさまざまな偶有的で付随的な属性を知ることができるからである。映画だと知ってたんに切り捨てるのではなく、それを観察することは、たとえ人生の改善には役立たなくとも、ある種の認識的価値があることは確かで、しかも疑う余地なく面白い。

第三章で、チェスの比喩をウィトゲンシュタインとはかなり違う意味づけを与えているが、鼎談の後でさらに別の意味づけを思いついた。それは、チェスは本質的に勝ち負けを競うゲームであるが、それは文字通りたんなるゲームなのだから、あまり本気に受け取らないほうがよい(自チームや自分である駒の観点にあまりのめり込まない方がよい)ということである。そのゲームにはまったく関与せず、それどころかゲームのルールによって実在すると認められない「冠」こそが、じつはそのゲームの本質だからである。この比喩は、他人の作った比喩を強引に自分の考えに引き付けたものだから、それほどきれいには当てはまるわけではないが、しかし、日々「私がこのゲームをあまり本気で受け取りませんように」と願うことは仏教的にも意味があるだろう。

と言ったついでに、坐禅や瞑想の実践との関連することをちょっと述べておこう。私の考えを瞑想インストラクションとつなげて、少し変化させるやり方はいろいろあって、私自身はよくそれを楽しんでいる。たとえばティック・ナット・ハンの瞑想法に、息を吸いながら「今に存在しますす」と自分に言い、息を吐きながら「今しか存在しません」と自分に言う、というのがあったと思うが、私の考えによれば、この今はもちろん〈今〉でなければならず、それならばこれを〈私〉に置き換えて、息を吸いながら「〈私〉に存在します」と自分に言い、息を吐きながら「〈私〉しか存在しません」と自分に言う、とすることは原理的に可能でなければならないと思う。あるいはまた、澤木興道の有名な「自分が自分を自分する」ならば、当然「〈私〉が「私」を〈私〉する」となるだろう。（どちらも〈私〉と〈今〉を合体させて〈これ〉としてやってもよいと思う。私自身はそうしている。）

さて、この本の趣旨は題名どおり「仏教3・0を哲学する」であって、「仏教3・0の哲学」ではない。仏教3・0を哲学的に基礎づけるやり方はほかにもありうると思う。「哲学する」とは、こういう考え方もできるという試論の提示ということであって、じつをいえば哲学はみなそうである。

同じことは、仏教3・0の側からではなく、私の哲学の側からも言えて、その場合、これは一つの「応用哲学」の試みにほかならない。ここで述べられているのとはまったく異なる（場合によっては対立するような）応用の仕方もいくらもありうるだろう。

また、期せずして本書は「永井哲学」の入門書としても役立つものになっているとはいえ、哲学そのものに興味をお持ちの方は、本書で語られている程度のことで満足しないようお願いしたい。（とりわけ、本書では、哲学的には最も重要な「累進構造」にかんする議論がすべて省略されており、それはむしろ前提されているからだ。）哲学的議論そのものを精確に理解しようと思うなら、本書（のみ）に頼らず、挙げられている拙著を直接読み、何よりもその議論のプロセスそのものにい、ひ、た、り、つ、い、ていただきたい。哲学は思想ではなく議論のプロセスそのものだから、ちゃんとした議論がなされているものに（そしてその議論そのものに）基づくのでなければ決して精確な理解は得られない。

ということを前提にして、最後に宗教というものについて一言。われわれのこの世界には、いろいろなところに、宗教的世界理解に誘うような構造が内在している。それを明らかにすることと、何かの宗教を信じるといったことは、もちろんまったく別のことではあるが。その最も簡単で最も重要な例が、この私とこの今が存在しているということである。これはすでにして一つの超越である。もしこの一歩を認めれば、その他の諸超越は、そこに認められた構造をただ適用しなおすだけで、さほど驚くほどのこともなく実現されるように思える。それゆえ、諸宗教に付随するさまざまな物語は、じつはそれぞれの宗教に付随する「映画」にすぎず、本質的な意味はないとみなすべきではないか、と私は考えているのである。

二〇一六年八月

鼎談の後に（三）

山下良道

この〈仏教3・0〉をめぐる鼎談は、私の人生の節目の時期に重なりました。その初回が行われたのが、二〇一四年一二月二〇日（土曜）の夜でしたが、それから約一週間後の一二月二六日（金曜）の夜、私の父が入居していた前橋の「有料老人ホームじねん」のスタッフから電話がありました。父が最後の息を先ほど引き取ったと告げられました。一二月に入ってからは既に父の容態は芳しくなく、いつ何があってもおかしくないと言われて気をもんでいたところ、鼎談の直前に受けたメールで、父が今のところ小康状態だと知らされ、よし、とりあえず少なくとも今夜は鼎談に全力を尽くそうと決意したのを、今でも鮮明に覚えています。

その後、二回、三回と鼎談はつづき、今年の三月に行われた三回目は、その主題がまさに「生と死」についてだったのも、私にとっては非常に自然な流れでした。身内の生死を肌でひしひしと感じながら、その深い意味と、生死を超えた世界を、私が最も信頼するお二人と考え続けたこの二年でした。

思えば、この鼎談自体が不思議な縁としか思えません。私は大学卒業後、念願かなって心から尊敬する内山興正老師の門下で、道元禅師の只管打坐の修行を始めたものの、やがて自分の内と外からの様々な荒波に見舞われて、二十一世紀の初頭には、一旦は道元門下を離れざるを得なくなりました。事態を切り開くためにミャンマーに渡り、正式なテーラワーダの比丘として瞑想修行を始めましたが、その瞑想メソッドの最終段階まで来た果てにみえてきたのが、曹洞宗に正式に所属していたときにはどうしても理解できなかった、道元禅師の教えの核心部分……。

皮肉としか言いようがないこのことを、いったい誰が理解してくれるだろう。曹洞宗時代の昔の仲間は、私が小乗に堕落したと思っているだろう。逆にミャンマーの比丘仲間は、私が再び大乗に逸脱したと非難するだろう。両サイドから責められて、しばらくは孤独の道を歩くしかないだろうなと覚悟を決めて、日本で細々とした活動を少数の人たちと続けていたとき、手をさしのべてくれたのが、藤田一照さんでした。彼とは三十数年前、紫竹林安泰寺で一緒に得度し、アメリカに一年違いで渡ってからは、ヴァレー禅堂で悲喜こもごもの海外布教生活を送った、まさに一番近い法兄弟でした。やがては『アップデートする仏教』に結実する彼との対談の席は、堰を切ったように二人のうちから言葉が溢れ出ました。あ、これなら私がミャンマー滞在の最後のころに発見した、この「不思議なできごと」を、普遍的な文脈に位置づけ、誰にもわかりやすい言葉で表現できるぞ。私のなかに勇気と希望が再び満ち溢れてきました。

私と一照さんは、対談のなかで手探りしながら、あの「不思議なもの」を〈仏教3・0〉と名付け、出来る範囲で論理的解明に努めましたが、今回の鼎談のなかでさらに、微に入り細にわたり徹底的に究明しました。私と一照さんだけだと、どうしても仏教の「内側の論理」による説明に偏っていたところを、新たに哲学者である永井均さんに加わっていただくことで、もっと世界全体に開かれた普遍的論理によって解明することができたのではないでしょうか。その結果〈仏教3・0〉が、いわば「人類」の共有財産になったと言ったら、少し大袈裟でしょうか。

質疑応答のなかにもでてきますが、〈仏教3・0〉の体験というのは一見矛盾のかたまりのように聞こえるでしょう。一人の質問者が言われたように、「気づいている」なら「有心」のはずだし、「無心」だったら「気づきすらない無意識の状態」になるはず。こう思われるのも当然ですね。実際に歴史のなかでも、「有心の気づき」と「何にもない無心」の二つに分かれて、そのどちらが正しいかということをずっと争ってきていますから。ところが、ここに来て事態が急展開しました。「有心の気づき」でも、「何にもない無心」でもない、そのどちらでもない「無心の気づき」という、なんとも不思議な事態が出現したのです。なぜこのような、いままでの常識からいったら奇妙な事態が成り立つのか、果たしてそれは正しいのか、それらがこの鼎談のメインの主題でしたが、どうでしょう、この本を最後まで読み終えた皆さまは、この謎の構造をご理解いただけたでしょうか。

ある程度知的に納得できたなら、今度はぜひ〈仏教3・0〉の不思議を、その独自の瞑想を通して、ご自分で経験してみてください。一照さんも新しいかたちの只管打坐を提供していますが、私は「ワンダルマメソッド」として具体的にまとめた「青空の瞑想」を、誰もが参加できるかたちで提示しています。鎌倉の一法庵を中心に全国各地で瞑想会、接心、リトリートを開催しています。実際の瞑想をとおしてある次元に入ってもらえば、「気づき」は「有心」のところでは成り立たず、「無心」、一法庵の用語では「青空」のところでしか成り立たないことがわかるでしょう。有心であるかぎりは、気づきにはならない。無心とは無意識の状態ではなく、すべてに気づいている状態のこと。気づきとしての無心。無心が気づきとして顕現する。このように言葉で表現すると矛盾しているようにみえるでしょうが、これが事のリアルな真相だと、自らの経験を通して納得してくださると思います。

この不思議な事態がもし真実だとしたら、それは何を意味するでしょうか。まず第一に、仏教史に起こった最大の謎の解明がすすみます。もちろん「大乗仏教」のことです。紀元前後に突如として「大乗仏教運動」が起こりましたが、「大乗仏教」はそれ以前の仏教とは明らかに違っているのに、その運動の担い手はなぜあれほど自分たちの正当性に絶対の自信をもっていたのか。この新しいかたちの仏教こそが「真実のブッダの教え」だと、どうして堂々と主張できたのか。それはこの不思議だけど真実なリアリティを、彼らは実際に経験していたからですね。その経験を言葉で表現しようとしたとたんに、大乗仏教の特徴である矛盾的表現となってあふれ出てきました。「色即是空、空即是色」などなど、我々にお馴染みの言葉として。ただ、それは、仏教史のうえで明らかに大きな分断をもたらしてしまいました。分断された両サイドではお互いに、相手側に対する不信と疑問が蔓延し、その結果、仏教徒全員に大きな苦しみと混乱をもたらしてきたことは、否定できないでしょう。でも、もし「無心の気づき」が本当のリアリティだとしたら、この分断に最終的な終止符をうつことができ、仏教は再び統合へと進んで行けるのではないでしょうか。

話をそこまで大きくしなくても、我々の日常のレベルでも大きく変わります。現在、「気づき」の英訳である「マインドフルネス」は、仏教の文脈をこえて、脳へのストレスを乗り越える普遍的な方法として広く認められ、多くの人が教育、セラピー、研修の分野で実践しています。まず西洋から始まったこの運動は、ここ数年で日本でも一気に広がりつつあります。ただ、仏教国の範囲をこえて、世界で広く受け入れられるために、現代のマインドフルネスは、仏教の気づきの瞑想から、あえて「宗教的要素を除いた」ものになっています。学校、病院、会社というニュートラルな場所で活動していくうえで、どうしてもそうせざるを得なかったわけですが、でもそれはある意味、致命的な弱点を内包することにもなりました。マインドフルネスが、世間で広がるにつれて、そのことに気づきつつある人たちも出てきています。

その弱点とは何でしょうか。もし、マインドフルネスが「宗教的要素」を欠いたままだと、たとえば、最近の戦後最悪の凄惨な事件を引き起こした容疑者が我々に突きつけた問題に、まっすぐ向かい合えないのです。それはどういう問題でしょうか。健康であること、お金があること、仕事の生産性が高いこと。それらはとても良いことだというのが、この世的、地上的価値観です。ではこの価値観から判断して、まったく価値のない人たちがいたとすると、彼らには生きる意味、価値はあるのでしょうか。社会から抹殺したほうが社会のためになるのでは？　あの容疑者はそう信じて、それを実行に移してしまいました。もしマインドフルネスが、より健康になるため、より仕事の効率があがるため、よりパフォーマンスをよくするため「だけ」に実践されるのだとすると、あの容疑者の問いかけには、手も足もでないでしょう。

いまはある程度「健常者」である我々も、やがては「生老病死」の波に襲われて、生涯の終わりごろは誰もが例外なく「障害者」になっていきます。そして、もう地上的価値感からすると「無価値」なものになってしまった我々は、どう扱われるのでしょうか。想像力を少し働かせれば、なんとも荒涼とした未来しか待っていないのはわかるでしょう。そのような暗澹たる将来に対して、「宗教的要素」が欠落したままのマインドフルネスではどうにもならないのは明らかでしょう。

地上的価値は、絶対のものではない。それを絶対としてしまったことから、これだけの悲劇が生まれるなら、いま我々に必要なのは、地上的価値を超えたものへ向かうための、マインドフルネス。そう「宗教としてのマインドフルネス」こそが、これからの時代に最重要なものだと、私は実は思っています。「宗教」という、もうすっかり手垢がつきすぎたために、どの分野からも排除されてきたものが、もう一度喫緊に必要なものとして、人類のもとに戻ってくる。この世的には無価値になった我々を、「無意味」なものとして断罪されるところから救うために。これまでずっと続いてきた「宗教否定」の時代の流れが、ここにきて急転換して、この「宗教としてのマインドフルネス」という方向しかないと、人類全体がコンセンサスに到達するのは、案外早いような気がしています。

〈仏教3・0〉とは、「宗教としてのマインドフルネス」とも定義できるかもしれません。内容がよくわからなくて、時には人類に苦しみと混乱を与えてきた「宗教」でもなく、地上的価値を獲得するための「マインドフルネス」でもない。その二つを乗り越えて、地上的価値を超えたところへ、人類を確実に一歩一歩連れて行くためのマインドフルネス。その構造がこの鼎談を通してこれだけ明らかになったのだから、あとは進んでいくだけではないでしょうか。

この『〈仏教3・0〉を哲学する』という本は、さまざまな人とのつながりから生まれました。最初に鼎談の企画を提案してくださったのは、朝日カルチャーセンター新宿教室の荒井清恵さんです。現代仏教の最先端を講座というかたちにして世に問うている荒井さんの努力によって、朝カル新宿は日本の仏教シーンでいまもっともホットな場所になっています。この場所抜きには、この本は生まれませんでした。その鼎談の記録をもとに、一冊の本にまとめようと提案されたのが、春秋社の佐藤清靖さんです。佐藤さんはユーモアをもって暖かく、多忙のため原稿が遅れがちな我々の背中を押してくださいました。

そしてもちろん、鼎談にお誘いした時に、こころよくお引き受けくださった永井均さん、ありがとうございました。永井さんの〈私〉の明晰きわまりない説明によって、私が三十年来いつも悩んできた、内山老師の「自己ぎりの自己」をめぐるもやもやが一気に晴れて行きました。そこには、見たこともない景色がひろがっていました。この鼎談の恩恵を一番受けたのは、たぶん私かもしれません。

最後に、一照さん、これからも日本と世界の仏教シーンを盛り上げて行きましょう。どうやらそれが我々の役回りのようです。
みなさま、本当にありがとうございました。どうぞ、この鼎談の記録によって、人類が長いあいだ地上を覆っていた悪夢からついに覚めますように。そして、生きとし生けるものが幸せに暮らせますように。

二〇一六年八月　奥多摩御岳山お盆接心にて

必要最小限の参考文献

藤田一照・山下良道『アップデートする仏教』幻冬舎新書
内山興正『坐禅の意味と実際――生命の実物を生きる』大法輪閣
内山興正『進みと安らい――自己の世界』柏樹社
藤田一照『現代坐禅講義――只管打坐への道』佼成出版社
藤田一照・伊藤比呂美『禅の教室――坐禅でつかむ仏教の真髄』中公新書
永井　均『存在と時間――哲学探究1』文藝春秋
永井　均『哲おじさんと学くん』日本経済新聞出版社
永井均・香山リカ「ヴィパッサナー瞑想を哲学する」（香山リカ『マインドフルネス最前線』サンガ新書）
山下良道『青空としてのわたし』幻冬舎
山下良道『本当の自分とつながる瞑想入門』河出書房新社

◎鼎談者略歴

藤田一照（ふじた　いっしょう）

禅僧。1954年愛媛県生まれ。東京大学大学院教育学研究科博士課程を中退し、曹洞宗僧侶となる。87年渡米、禅の指導・普及に従事、2005年帰国。曹洞宗国際センター前所長。オンライン禅コミュニティ磨塼寺主宰。

永井均（ながい　ひとし）

哲学者。1951年東京生まれ。慶応義塾大学大学院文学研究科博士課程単位取得。信州大学教授、千葉大学教授を経て、現在、日本大学文理学部教授。専攻は、哲学・倫理学。幅広いファンをもつ。著書多数。

山下良道（やました　りょうどう）

ワンダルマ仏教僧。1956年東京生まれ。東京外国語大学仏語科卒業後、曹洞宗僧侶となる。米国・日本にて布教・坐禅指導の後、2001年テーラワーダ比丘となり、パオ瞑想メソッドを修了。現在、鎌倉一法庵を拠点に、国内外で坐禅瞑想指導をおこなう。

〈仏教3・0〉を哲学する

二〇一六年九月二十五日　第一刷発行
二〇二〇年三月二十五日　第五刷発行

著　者　藤田一照・永井均・山下良道
発行者　神田　明
発行所　株式会社　春秋社
東京都千代田区外神田二―一八―六（〒一〇一―〇〇二一）
電話（〇三）三二五五―九六一一（営業）
（〇三）三二五五―九六一四（編集）
振替〇〇一八〇―六―二四八六一
https://www.shunjusha.co.jp/

印刷所　萩原印刷株式会社
装　丁　美柑和俊
定価はカバー等に表示してあります。

ISBN978-4-393-13592-1

藤田一照
永井　均
山下良道

〈仏教 3.0〉を哲学する　バージョンⅡ（1900円+税）

自己は仏というスローガンばかりが先行し、メソッドのはっきりしない従来の日本の仏教「仏教 1.0」、メソッドははっきりしているがテクニックとスキルに走るテーラワーダ仏教「仏教 2.0」、これらを超えた〈仏教 3.0〉を目指す二人の仏教僧と、一人の哲学者の鼎談集。大きな反響のあった『〈仏教 3.0〉を哲学する』のコンセプトを引き継いで、今回は仏教の実践における他者と慈悲の問題を、瞑想実践での体験や哲学の理論を通して論じる。